潮凪洋介
Yosuke Shionagi

あなたの努力が報われない本当の理由

The Real Reason Why Your Efforts Are Not Rewarded

35 Customs To Live Only Doing Favorite Things

大好きなことだけして生きていく35の習慣

プレジデント社

「努力」は、自分のよさが一番活かされる場所で〝しか〟
してはいけない。

ムダな場所でムダな努力をいくら重ねても、この先、あなたが決して頭角を現すことはない。

なぜなら、「必要とされていない場所」での努力は、9割ムダだからだ。

「ムダな努力をやめて、逃げたらどうなる?」

すべては、ここから始まる。

嫌いなこと、不得意なことからは、1秒で逃げ去っていい。

そして、「ここぞ」という1か所で「尋常ではない熱量」を爆発させるのだ。

人生の貴重な時間を使って、苦手な人と仕事をしてはいけないし、そもそも会わなくていい。

「破壊」と「創造」を繰り返しつつ、自分にとってベストな努力環境がどこかを常に探し求める。

苦手な人・物・事とは出会わなくていいスタイルを冷酷につくり出すのだ。

人生はあまりにも短く、あなたの努力が実る場所は限られている。

私たちにはもう「努力の対象」「努力の環境」「努力の仕組み」を間違えている時間はない。

「嫌い&不得意な仕事」から逃げ、「合わない人々」との付き合いをやめ、「ギクシャクした人間関係」から離れ、「儲からないビジネスモデル」で働くことをやめるのだ。

一方、続けるべき努力とは何か？

「大好き＆大得意なことを仕事」にして、「好きな人々」とだけ付き合い、「良好な人間関係」の中、「正しいビジネスモデル」で働くことである。

この公式に合った生き方に出合うまでは、何度逃げて方向転換をしてもいい。

「嫌い」「不得意」「人間関係不良」「儲からないビジネスモデル」。
これらがすべて不幸の元凶なのだから。
不得意な仕事から逃げ、良好な人間関係のもとで働くと、
雇用者も労働者もみんながWIN-WINになる。

ムダな努力から逃げ、
「報われる努力をする人」が
地上最強なのである!

まえがき

成功者はみな、大好きで得意で楽しい努力しかしていない

「逃げてはいけない」という洗脳からあなたを引きはがし、「報われる努力」をする力を身につけてもらう——これが本書のミッションである。

「目の前のムダな努力をやめる」

これがまずあなたにやってほしい〝努力〟である。

努力の方向を間違った人で、成功した人などいない。

これは、成功者が口をそろえて言う真実である。

苦しくつらい間違った努力を継続しても、この先あなたは決して浮かばれない。

下手をすると5年後も10年後も今のまま、あるいはさらに悪化する可能性が高いのである。

目の前のムダな努力から逃げて、「努力の方向・方法」を変えた人だけが成功できる。

これこそが、世の中の定理なのである。

かのウォルト・ディズニーも、「想像力の欠如」を理由に新聞社から解雇を告げられた。その後も事業で失敗し、結果的に正しい努力対象・方法と出合ったからこそ、あのような偉業を成し遂げるに至った。

「正しい努力対象」を見つけて成功した人は、他にも大勢いる。

タモリさんはボーリング場に保険外交員、旅行代理店、喫茶店スタッフなど様々な職種を経験している。

作家の浅田次郎さんは元自衛隊員、俳優の向井理さんは学生時代から延べ6年バーテンダーをやり、女優の壇蜜さんは、大学卒業後は和菓子工場から銀座のクラブでホステス業に従事、葬儀社に勤めていた時期もあったといわれている。

あのオバマ前大統領でさえも、アイスクリーム店のスタッフだったことがある。

転職までいかなくとも、社外のライフワークで「意味ある努力」に出合って、人生を大きく変えた人も少なくない。

ソーシャルゲームで有名なグリーは、楽天の社員だった田中良和社長が、社外の個人パラレルキャリアを起こしたことからスタートした。

『価格.com』『食べログ』でおなじみの株式会社カカクコムの創業者、槙野光昭さんは、パソコンを販売店に売り込む営業マンをやりながら、副業としてこれらのサイトを立ち上げている。

格安マンツーマンオンライン英会話サービスを展開する加藤智久さんは、外資系戦略コンサル会社時代に始めた副業から、株式会社レアジョブを創業し、東証マザーズに上場させている。

このように、今の仕事から無理に逃げなくても、会社員生活を続けながら社外に目を向け、成果の出る努力対象に出合うことは、十分可能なのだ。

とはいっても、今では大成功をおさめている彼らも、かつて従事していた仕事、本業で手を抜いていたわけではない。

ただ、それは今やっている仕事の成果・成功の比ではないことはあきらかで、彼らは現業に出合ってからロケット・スタートで成功ルートを爆走し始めた。

それはひとえに、当時やっていた仕事で「いつかこの努力は実るだろう……」という思いをかなぐり捨て、大きくシフトチェンジしたからに他ならない。

つまり、**努力の対象・方法を変えた瞬間から人生が変わったのである。**

最も効率的に成果を残し、多くの人の心を動かし、社会をよくし、多くの人を満足させ、大きなお金の流れを手にできる「努力」と出合ったことがターニングポイントとなっているのだ。

もう一度言おう。

努力の方向転換が、人生の成功・失敗を決定づけるのである。

成功者の多くは「努力の大切さ」を語る。

ただ、彼らの本音は違う。

苦しくつらい、いつ報われるのかと思ってやっている努力は実らず、予想を下回る成果しか出ない。それが本音である。

逆に言えば、苦しいけれども、得意で楽しくて、乗り越える価値のある努力しか実らないのだ。

「ムダな努力」「合わないこと、つまらないこと、面白くないこと」「社会のニーズのないこと」は、決してやってはいけないことを彼らはよく知っている。

「ムダな努力などないから、みんな頑張れ！」という掛け声など嘘っぱちでしかないのである。

もうあなたはわかったはずだ。

方向性の間違った努力の９割はムダ！

これを心に刻み込もう。

私たちは人生の残された時間の中で、ムダな努力を死にもの狂いで排除しないといけない。

うまくいくことは最初から一味違うし、手がけた瞬間から手応えがある。得意だし、楽しくて心が躍るし、能力に合っているし、そこには好きなタイプの人間が大勢いるし、お金の流れや市場も存在する。

まるでラジオの周波数を合わせるように、「これをやりなさい」という興奮度の高いメッセージが、心の中に流れ込んでくるのだ。

最初から実になる努力と、ただの徒労とでは、そもそも初動体感が全く違う。

あなたは今、何に対して努力をしていますか？

苦しくて憂鬱で、ニーズのないみじめな努力を積み重ねていないだろうか？


ここで、今のあなたの努力が、ムダかムダでないかを診断する方法がある。

それは、過去の自分と、今の自分の写真を比較してみることだ。

当時のほうがいい顔つき、笑顔をしていたとしたら、今のあなたの努力は「方向」も「方法」もたぶん間違っている。

そんな努力は、今すぐやめて逃げていい。

そして、努力の方向性を変えると、日々の苦しみが軽減され、急に人生が好転し始める。


もちろん方向を変えただけで、成功できるとは限らない。他にもたくさん乗り越えるべき試練は訪れる。

しかしそれが怖いからといって、一歩を踏み出さなければ、5年後も10年後もあなたは今のあなたのまま――苦しい日々を過ごし続け、命を削り続けるだけ――だ。

もう今のあなたの「まま」ではいけない。

どの努力から逃げて、どの努力に注力するか？

早速、今日から努力の方向性を変え、自分の最も輝くところに努力を集中して人生を激変させようではないか。

2018年7月　潮凪洋介

目次

第2章

「大好きなことだけ」をやると、こんな「いいこと」が起こる！

第3章 大好きなことだけやる前に気をつけておきたい12のこと

第4章 大好きなことがわからないあなたに贈る「ライフワーク」の見つけ方

第1章

「報われない努力」をやめて
大好きなことをやると、人生は変わる！

「ただ頑張る」から抜け出せば、人生は大きく変わる

努力しないよりは、努力したほうがいい。

たとえ間違った努力でも、「嫌い」「不得意」でなければ、とりあえず「いい努力」をしたような気分になれる。

しかし、このような状況が続くと人生を棒に振り、他人の人生を生きることになってしまうから要注意だ。

目の前の努力に没頭すれば、とりあえず集中、高揚状態になり、生物として躍動的な状態になれる。

しかし、本当にそれでいいのだろうか？　その努力は本当にあなたに合っているだろうか？　好きなこと、得意なことに集中しているのか？　もっと自分が高揚できて、能力を発揮できる場所はないのか？

それを貪欲に追求せず、「ただ頑張る」という状態はもうやめよう。

とりあえずで就職した会社も同じだ。

それほど楽しくもなく、人間関係もギクシャクし、収入も少ない——そうであるなら、はっきり言おう。

あなたの夢はそこで叶うことは、一生ない。十中八九「まあ、これ〝でも〟よかったのかなあ……」という人生を送ってしまうことになる。

では、どうすればいいのか?

「練習は嘘をつかないという言葉があるが、頭を使って練習しないと普通に嘘をつく」

という現役メジャーリーガー、ダルビッシュ有選手の言葉がある。

この言葉が教えるように、間違った努力をしても全く成果は出ない。

努力は正しい方向で、正しい方法でやらなければ実らないのだ。

裏を返せば、努力の方向性を変えることに成功すれば、人生は大きく変わる。

私もそうしたことをやった一人だ。

自分が楽しいと思えるかどうか？　自分の得意なことかどうか？　人間関係は？　仕事環境は？　収入は？　とことん突き詰めた結果、私はいずれも、数倍、いや10倍はよくなっている。

それもこれも、イヤなことから逃げ出し、努力の方向と方法を変えたからだ。会社ではなく自分を信じたからだ。

努力の方向性を変えて成功した人といえば、タレントで塾講師、今ではメディアで引っ張りだこの林修先生がいる。

林先生は大学卒業後、日本長期信用銀行に就職。しかし、そこを辞めて、３年間、様々なビジネスに挑戦し、１８００万円近い借金をつくっている。その後、得意としていた塾講師を始めたとたん、借金がどんどん減っていったそうだ。

しかも、林先生の本格的な活躍はここからだ。

生徒を有名校に合格させるたびに社内評価がどんどんアップ。ついに、自社ＣＭにまで出演してしまった。

その結果、みなさんご存知の「今でしょ！」で脚光を浴び、テレビ番組で引っ張りだこの人気タレントに成長していった。


努力の方向、方法を変えることがいかに大切かを物語る一例である。

努力崇拝は、会社や社会があなたを洗脳し、うまく順応させるための呪文なのだ。

だから、何となく人生がうまくいかないような気がしている人は、一度そこを疑ってみるべきである。

もちろん会社を恨むためではない。自分の未来を切り開くためにである。

努力の上手い人は、何が「好き」で、何が「得意か」を知っている
努力の下手な人は、好き嫌いがわからず、ただ目の前ことを「懸命にやる」

自分が楽しくないことにエネルギーを使わない

努力の方向を変えるということ――それは苦手な理系での受験をやめて、得意な文系で受験し直そうとするようなものである。

やってもやっても成績の上がらない、ムダな理系をあきらめて文系に集中する。あるいは、文系をあきらめて理系に集中する。

それにより、未来が開けた受験生は大勢いる。

この文系、理系の再選択こそが、人生で最初の最も有意義な「創造的な逃げ」といえる。

例としてはかなり極端だが、私にもその経験がある。

私は高校3年から理系の勉強を学校の試験も含め、いっさいやめて私立文系の勉強に集中した。

小論文は不得意だったので放棄。大学受験のための英語・国語・社会だけに的を絞って、深夜まで友人宅で勉強しては寝坊し、学校には朝11時頃に登校するのもザラだった。学校の定期テストの理系科目は、あえて赤点ギリギリを狙い、ムダな努力を省いた。

授業中も受験のための「内職勉強」をして、何度も注意された。

何かを捨て、何かから逃げ、何かを犠牲にし、何かのルールを破って努力することを選んだ。

それにより、私は得意科目の成績を伸ばすことに成功。英・国・社の3科目に関しては、偏差値が20以上も上がり、めでたく大学生になることができた。

もしも5教科とも真面目に頑張っていたら、おそらくどこの大学も合格できなかっただろう。この3教科に集中という大いなる逃げが、私の人生を救ってくれたといっても過言ではない。

以来、私はずっと、この「常軌を逸した、犠牲をいとわない、ルール無視の逃げ」を続けてきた。

ムダな努力はいち早く、直感的に徹底的に排除する――そんな習慣が身についたのである。

これは私だけに限らず、世の中の多くの人に身につけてほしいノウハウである。

「価値ある逃げ」「創造的な逃げ」、そして「努力の方向転換」「努力の方法の転換」は、恥ではなく役に立つメソッドなのだ。

もう一つ受験を例にとると、学校内の定期試験で好成績をとったり、部活を頑張ったりして「推薦入学」を狙うというのも、努力の方向と方法の「選択」と「集中」といえる。

自分が得意で好きな分野を徹底的に極めることで、そのための努力に集中する。そして不得意な分野は避ける。これにより未来が開ける。

よりよい人生を歩むためには、「捨てるべき努力」と「優先すべき努力」をきちんと見極めることだ。

それなのに、１つの方向にこだわって努力を続ける人が少なくない。しかも成果の出ない、不得意分野の「仕事」に対して最大限のエネルギーを注力し続けるのだ。

それはおそらくあなたが、本来やるべき、シフトすべき努力に目を向けず、ただ目の前のことを努力することに酔っているからに他ならない。

その酔いを醒ますべきときが、もう近づいている。残された時間は多くない。今、この瞬間のシフトの決断が、6ヶ月後、1年後の人生の景色を変える。

どうするかは、あなた次第だ。

努力の上手い人は、ムダな努力だと感じたら一目散に「逃げる」
努力の下手な人は、「何か違うな」と思ってもそのまま続ける

自分のやりたくないことからは徹底的に「逃げる」

「やりたいこと」「やりたい仕事」で、24時間を埋め尽くしている人は、どれぐらいいるのだろうか？

おそらくほとんどの人が、ビジネスタイムはもちろんのこと、余暇でさえも「やらされ感」で24時間、1週間、1ヶ月、1年の大半を過ごしているのではないだろうか。

かくいう私も、会社員時代は毎年、正月がくるたびに「ああ、なんて、めんどうで、どうでもよくて、つまらないことを、こうも充実しているフリをして、1年間やってきたんだろう」と思っていた。

「理想の会社」「理想の仕事」に就いていないことを自覚しながら、「少し給料が上がった」「まあまあ責任ある仕事を任された」などと、自分を満足させる「言い訳」ばかりを見つけては、充実した1年を過ごしたつもりになっていた。

同時に本音の部分では、「好きなこと」「得意なこと」を仕事にして、毎日を楽しく過ごすなんて「ありえない」と思い込んでいた。

「仕事とは本来つまらないもので、それを我慢してやるから『仕事』なんだ」

「会社にはイヤなヤツがいて、白も黒と言われればそれに従い、つくり笑いをする。そうしたことに耐える見返りとして、給料をもらえるんだ」


そう思い込んでいた。

やりたくないこと、本当は避けたいこと——それは仕事以外にもたくさんあった。

家事や家のこまごまとしたこと、掃除や税金の支払い、衣服の整頓から、気の進まない相手への折り返しの電話まで「やりたくない雑務」が望まなくとも勝手に流れ込んできた。


地域の活動に集まる人との付き合いもそうだった。こちらがどんなに品行方正にしていても、必ず誰かがストレスの原因を持ってくる。

多くの人は、こうしたことに立派に耐え続ける。

苦しいこと、イヤなことから逃げず、立派に責務を果たすことを「大人として当然のこと」として黙々とこなす。

しかし、よく周りを見てほしい。

世の中を見渡すと、10～20％程度「好きな人と好きなことしかやっていない人」が確実に生息している。

この同じ社会に、しかもかなり裕福な状態で生活している。

彼らのような種類の人間と話す機会が私には頻繁にあるが、彼らは実はかなり特殊な努力の仕方をしている。

意図的に「嫌いなことや人間」を視界から追い出して、「好きなことだけ」で人生を埋め尽くす努力をしているのだ。

「やらなくても致命傷にならないこと」から逃げ、確信犯的に「好きな人」を選んで軍団をつくり、仕事や遊びを組み立て、嫌いな人が入れないバリアを張っている。

「非常識」と揶揄《やゆ》されても、「好きな人とやりたいことをやる」で1日を埋め尽くし、「いい笑顔」で毎日を謳歌しているのだ。


日本は、いろいろな意味で格差社会だ。

これは「努力の質」についても同じだ。


日本は「やりたいことをやっている人」と、「やりたくないことで1日が埋め尽くされている人」の格差がはっきりしている。

まずはこの現実を、しっかり認識していただきたい。

やりたいことをやっている人は、「ムダな努力」から逃げ、「身になる努力」しかしていないのである。

彼らはそれを徹底している。


あなたはどうだろうか？

1日を「やりたいこと」「好きなこと」「好きな人」で埋め尽くせないものか？と考える機会を持つことだ。

人生は短い。

大好きで、得意なことだけする時間をつくらなければ、人生なんて何の意味も、感動も思い出もないまま、後悔だらけで終わってしまう。

上手にムダな努力から逃げなければ、あなたの人生はあっというまに終焉を迎えてしまうことを自覚してほしい。

努力の上手い人は、「やりたくないこと」をやらない
努力の下手な人は、「やりたくないこと」を「大人だから」と言ってやってしまう

あなたの実力が発揮できていないのは「○○のせい」

よく職場で「あの人は仕事ができるね」とか、「あの人は仕事ができない」という言葉を耳にする。

書店に行っても、「仕事ができる人は○○がうまい」といった類いのタイトルの本が山ほど並んでいる。

しかし、私はそんなものは鼻から存在しないと思っている。

なぜなら**仕事の出来、不出来は、職種や働く場所、自分が好きで得意かどうかで全く変わってくるからだ。**

その仕事が好きで楽しいか。
その人の能力に合っているか。
人間性に合っているか。
人間関係はどうか。
といった総合的な相性が、仕事の出来、不出来を決めているのだ。

もし今あなたが、自分の本当の実力を発揮できていないと感じているならば、**それは職業や働く場所、その仕事が好きかどうかといった「相性が悪いせい」である。**

その証拠に、全く「仕事ができない」といわれた人が、職業や働く場所、好きをあきらめなかった結果、「スーパースター」「天才」と呼ばれるようになり、成功を摑み取った例が無数に存在するのだ。

たとえば、フォード・モーターの創設者ヘンリー・フォードは、5度の破産を経験したのち、フォード社を世界的な自動車メーカーに押し上げた。

かのビートルズもブレイク前にレコード会社4社から契約を断られた後に世界的なロックバンドに成長しているし、〝中国のamazon〟と呼ばれるアリババの創業者・ジャック・マーは、24人中23人が合格したケンタッキーフライドチキンの面接試験にたった一人落ちている。

さらにアメリカの実業家で、映画制作会社など多数のグループ企業を所有する「2929 Entertainment」の共同オーナー、マーク・キューバンは、若い頃に「既存の取引先に集中しろ」という上長の命令を無視して解雇されている。

ここに挙げた偉人たちはみな、たまたま職業や職場環境、取引先との相性が悪かっただけなのだ。好きなことに仕事を変え、好きなことをあきらめなかったことで成功に至ったのだ。

まずは、自分の実力が発揮できる場所を自分で見つけることに全神経を集中させる。

それこそが、あなたが最優先すべき「努力」である。

努力の上手い人は、自分と仕事の「相性」を考える
努力の下手な人は、「仕事に相性は関係ない」と考える

努力が報われる人は、みな「めんどくさがり屋」

成功する人は総じて「めんどくさがり屋」だ。

めんどくさがりだからこそ効率を考え、最小限の努力で最高のゴールにたどり着こうとする。

徹底的にめんどくさがった結果、自分でやるのがイヤだったら「誰かの手を借りられないか？」と考え始めるのだ。

一人でできない仕事を組織化し、専門性を持った人々で分業し、効率的に行う。

その結果、仕事の質や量も向上し、より高い金額を売り上げられるようになる。

売り上げの嵩《かさ》が増せば、手伝ってくれた人に多くの報酬も払えるので、組織力は高まり、より大きな仕事と報酬が入るようになる。

仕事で「めんどくさい」「やってられない」と思うことがあったら、何かを変えるチャンスなのだ。

一人で抱え込まず、いったんすべてを「放棄する勇気」を持ってみるべきだ。

思い切り逃げて、たとえば1泊2日の週末失踪、平日有休消化、病気欠勤をしてみる。

そうして確保した休みにおいて、

「行きつけの居酒屋に行って、酒をあおる。スポーツジムに行って汗を流す。ゴルフの練習場に行く。車でドライブに出かける。読書をする。海に行く。旅に出る。映画を見る。夜景を見る。プールに行く。キャンプを計画する。歌を唄う。小説を書く。もう一つの仕事に没頭する。好きな服を衝動買いする。ネットサーフィンしまくる」

といったことに使う。

とにかく**「めんどくさいこと」が大挙して押し寄せてきたら、一定期間しっかりと「逃げる」と決める。**

今まで無理してやってきたことを「やらない」と決める。

しかし、あなたは常識的な社会人だから、そんなことをすると良心の呵責《かしゃく》に苛《さいな》まれることだろう。

放棄した仕事の責任をせめて少しだけでも、穴埋めしようとしてしまうだろう。

そこで、心がクールダウンした後に「もっと最短距離で終わらせる方法はないか？」と効率化を考え始める。

一度は逃げたい、放棄したくなったその作業から結局は逃げられないことに気づき、めんどくさがりながら、なるべく遠ざけながら〝できるだけ手を抜いて処理〟しようと考える。

たとえば、職場であれば出社後、自分の今の状況を上司や同僚に正直に話して手伝ってもらうという手もあるだろう。

自営業だったら、秘書サービス、アルバイト、事務代行サービスなどに思い切って振ってしまう、家族などにアルバイト料を払い、手伝ってもらうなどの手もある。

人間、本当に切羽詰まれば、いくらでも乗り切る手を考えるものだ。

そして、徹底して逃げた先に、あなたは未来に続く「針の穴ほどの光」に気づくことができる。

場合によっては、魂が望む本当にやりたいことへの興味に気づくこともある。

もう現実的でない、大人気ないなどと言っていられない。

あなたはもう、そのムダな努力をやめるべき限界点に差しかかっているのだから。

努力の上手い人は、「誰かの手を借りられないか」と考える
努力の下手な人は、すべて一人で抱え込む

「今の仕事を辞めてみたらどうなる?」を
リアルに想像する

突然だが、今からあるエクササイズに付き合っていただきたい。

今、時間と労力を費やしている割には成果が出ず、日々苦しい努力を強いられている対象は何だろうか。

それらをすべて紙に書き出してみてほしい。

書き出したら次は、「仮に何もかもやめてみたら?」を自問自答する。

自分が好きで始めたことを含めて、それらをすべて「やめたらどうなるか」を考えて書き出してもらいたい。

どんな損害が発生するか?

今やっていることの多くをやめてみたら、どのような状況が起こるのか?

プラス面、マイナス面、両方を書き出してみてほしい。

私であれば「本を書くのをやめてみる」「毎週のイベント開催するのをやめてみ

る」「自社施設・目黒クリエイターズハウスでの講座もやめてみる」「エッセイスト養成塾をやめてみる」などがある。

まさに、私がやりたくて始めたことばかりだ。

これらをやめることは、自分の信念を放棄することにつながるかもしれない。限りない寂しさや悲しさ、虚無を感じることにもなるだろう。

まずは**この「虚無」を、あなたにも感じてもらいたい。**

私はこれまで60冊以上の本を出してきた。

そこで、ためしに本を書くのをやめたときのことを考えてみた。

私が本を書くのをやめれば、私のシンボルがなくなる。

印税が入ってこなくなるから収入が減る。

アイデンティティが消え、戸惑いを覚えるだろう。

しかし、ここからが発想の転換である。

本を書くより、もっと効率的に稼げる仕事はないだろうか？

そう考えてみる。


もしかしたら本を書くより儲かり、効率よくできる仕事が見つかるかもしれない。

そうなれば、今よりもっと自由な時間をつくり出せるかもしれない。

ということは、その自由な時間を使ってより多くの取材時間が得られ、豊富なネタに触れることで、深みのあるよりリアリティ溢れる本が書けるかもしれない。

その結果、今よりもっと本が売れ、より多額の印税を手にできるかもしれない。

結局、回り回って本を書く、というところに話が戻ってきてしまったが（笑）。


次に毎週開催しているイベントを中止することを考えてみよう。

毎週のイベントがなくなれば、魅力的な人との交流の時間、出会いの時間が減る、様々な考えを持った人、世代を超えた仲間との交流がなくなる。

その分、もっと儲かることを考えるなどして、自分のための時間を捻出《ねんしゅつ》できるかもしれない。

事業は成長し、そこで大きな金額を手にして、雇用を増やし、彼らにイベントを任せ、さらにイベントを成長させられるかもしれない。

時間ができたことでイベントプロデューサー養成講座を開催し、後輩スタッフを多数養成、組織を強化した状態で後輩に引き継ぐ展開をつくれるかもしれない。

こちらも結局、イベント関係の仕事に話が戻ってきてしまった。

ことほどさように、おそらく私は今やっている仕事をすべてやめてしまったとしても、形を変えて、同じようなことを始めるだろう。

あなたも、一度この「喪失感」を感じることから始めてみてほしい。

その上で、回り回って再び今やっている仕事にたどり着いたとしたら、それこそがあなたが本当にやりたいことなのだ。

今は、成果が出ず悶々《もんもん》としているかもしれないが、方法を変えれば必ず結果はついてくる。

そう信じて突き進んでほしい。

努力の上手い人は、「熱中没頭」のスイッチをオフにできる
努力の下手な人は、熱くなったまま突っ走る

「努力が報われない人」の人生は「感動」がなく「単調」で、つまらない

あなたは最近、何かに「感動」しただろうか？

たとえ貯金が1億円あっても、東大に現役合格したとしても、本人が心の奥底で〝その状態〟を望んでいなければ、そこに「感動」は生まれない。

たしかに、一生懸命努力して、人がうらやむほど十分なお金を貯めることはできた。老後もこれで心配ない。

しかし、お金を稼ぐことだけに集中するあまり、家族との楽しかった思い出や心許せる友人もいない。久しく笑った記憶も、感動した記憶もない。そういう人が現実にいる。

あるいは、青春時代のすべてを勉強に費やし、東大に合格した学生さん。

努力の末に難関大学を突破し、周囲からはほめそやされるが、何となく心の底から喜べない自分がいる。

甘酸っぱい初恋や友達との楽しい時間、がむしゃらにスポーツに打ち込んだ経験など「青春らしい時間」がなかったため、心にポッカリ穴が開いてしまっている。

つまり、両者とも**「心震える感動」がなかったがゆえに、「心の充足」が得られていない。**

辞書によれば、「感動」とは、「ある物事に感じて深く心を動かすこと」とある。

いくら金銭や素晴らしい実績があっても、「心を震える感動」がなければ人生はつまらないのだ。

自分の努力は間違っていたのかもしれない――彼らはそんな後悔の念を抱く。

「感動は立派な成果である」

スポーツなどがそうであるように、達成感と感動さえあれば、お金は必要ないという〝努力の対象〟がある。

イベント、お祭り、ボランティア……一銭ももらえないどころか出費があったとしても、「感動」が得られ、有意義な時間を過ごすことができたと感じられるのであればそれで十分だし、そう思える対象は世の中にいくらでもある。

あなたが今、社会的地位を得て、金銭的にも不自由なく暮らしていても、充実感を得られていないとすれば、それは「感動」が足りないのかもしれない。

心の底から血湧き、肉躍る瞬間が不足しているのかもしれない。

あなたはこれからいかに努力をし、どんな「感動」を自分の中に呼び込むのだろうか？

努力の上手い人は、感動しながら成功する
努力の下手な人は、すべてを得ても虚無感に悩む

転職は、裏切り行為ではなく「努力の方向転換」である

「人生の前半は努力すれば夢は叶うでいいと思う。でもどこかのタイミングでそれを客観視しないと人生がつらい」

元陸上選手の為末大さんの言葉である。人間は人生において努力を客観視しないといけない時期がくる。

そういった意味で、転職は大いなる客観視の結果の「努力の方向転換」である。

離職される企業側からすれば、「給料を支給し、スキルを身につけさせ、懸命に育てた。にもかかわらずノウハウを持ったまま別の会社で働くことは『逃げ』以外の何物でもない」という見方になる。

そうすると多くの転職は、転職する人が自分の人生をよくするために、自分本位に行う離反、乗り換え行為なのである。

しかし「転職」は、れっきとしたキャリアアップのための「社会行為」であり、すべての人にその権利が与えられている。

であるならば、「意味のある」「大好きな」「得意な」対象と出合いたいものだ。

たとえば、転職をすることで人生がよい方向に変わった著名人は数えきれない。

世界的に有名なアパレルブランド「ラルフ・ローレン」の創業者、ラルフ・ローレンはもともと軍人だった。

しかし、洋服やネクタイのデザインが大好きだったため「ブルックス ブラザーズ」に転職。その後ネクタイ会社に転職して、ネクタイの新しいトレンドをつくったことで一躍脚光を浴び、現在の「ラルフ・ローレン」が生まれた。


転職によって人生が開かれた人は枚挙《まいきょ》にいとまがない。

上手に転職するには、実際に様々な仕事をしている人の話を聞き、仕事の中身、楽しさ、苦しさ、報酬、人間のタイプ、労働時間をしっかり理解しておくのがいい。

会社の仕事だけに没頭し「鎖国」したまま知識もなく、〝実際に転職する先で働いている人の声〟も聞かずに転職するのは危険。

とにかく転職で成功したいなら、生身の人間の情報を事前に仕入れておくことだ。

ここで一つ事例を紹介しよう。

大手広告代理店系列の制作会社に所属していた40代の男性、Jさんとは、よく飲みに行ったりして、仕事抜きのお付き合いをしていた。

私の友人で別の大手広告代理店に勤めていた男性も一緒になって、和気あいあいとした時を過ごした。

その後、その縁からJさんは、勤めていた会社の競合相手となる私の友人が勤務する会社に転職をした。

もちろん面接や試験はあったが、社外での情報共有があってこそ、本人は転職への意欲を高め行動に踏み切った。

このように「利害関係を抜きにした血の通った人間関係」から転職が行われることもある。

結果、この転職は大成功。今では、転職先で異例の出世を遂げている。努力の成果が出やすく、相性がよかったのだ。

社外で自分の感性のアンテナを張って、自分の感覚で転職先の人と触れ、生肌感を確かめながらシフトする。

それもまた、転職に大切な努力の方法といえるのである。

努力の上手い人は、現場で生の情報を仕入れる
努力の下手な人は、ネットの情報を鵜呑みにする

第2章

「大好きなことだけ」をやると、こんな「いいこと」が起こる！

初動で反響のない「無風ビジネス」は、すぐにやめる

あなたは今まで、金欠になったことがあるだろうか？

もしあなたが30歳を超えて、金欠になったことがあるとしたら、仕事において「努力の方向性」を間違っている可能性がある。

あなたの能力に合っていない、その仕事が好きでない、ビジネスモデルがよくない、職場の人間関係がよくない、市場規模が縮小している……。

それらの原因がありながら、あなたが必死にその仕事に「しがみつくから」金欠になる。

努力の方法を間違うと、必ず金欠になる――これだけは覚えておこう。

いわゆる待遇が悪く、給料も低いブラック企業に就職した人はもちろんのこと、せっかく起業をしてもお客様から反応がない、売れない、赤字ばかりが続いて借金が増えるという人は、あきらかに努力の方向性が間違っている。

ここで間違った努力を中断し、検証し、方向修正することだ。

起業した人ならば、何をどう変えれば売れるのかをよく検討する。

これをやるかやらないかで、全くその後が変わってくる。

こうしたことを考えることなく、とりあえずもう1年頑張ろうとか、もう少し広告費をかけてみようといった惰性で努力をするのは愚の骨頂だ。


もちろん仕事の中身によっては、半年ぐらい続けないと成果の出ないものもある。

しかし、結果が出ていないのなら、まずは今の仕事や仕事のやり方を疑ってみることだ。方向さえ合っていれば、最初から何らかの反響がある。

会社だったら、すぐに実績が上がる、人から褒められる、認められる、などの反応があるだろうし、起業した人なら、自分の商品やサービスについてSNSの「いいね！」の数が多い、早々と申し込みが入る、などの反響があるはず。

完全に「無風」ということであれば、何かがおかしいのだ。

そのまま放置せずに必ず、

「なぜダメ？」
「どこを変えるべきか？」
を検証したい。

最初のお客様の反応に、正直になることだ。

かつての私も「忙しい」を理由に、無風ビジネスをそのまま放置してしまった一人だ。

「全く反響のない」「儲からない」ビジネスを惰性でやっていた。
あなたはこの人生で何回、時間と体力、知力の浪費、燃料のダダ漏れを犯してきたのだろうか？

きっと数えきれないほどの「ムダな努力」をし、そのたびに金欠になり、貧乏性の表情を顔に刻み、借金をし、自尊心を傷つけられてきたはずだ。
もはやそれは小さな自殺行為である。

努力の方向を間違えると必ず金欠になる。努力すればするほど、貧乏になってゆくのである。

そんな努力を続けてはいけない。

決めるのはあなたである。

努力の上手い人は、反応を見て、すぐに方向転換を図る

努力の下手な人は、「無風ビジネス」を継続し、金欠に陥る

「いい顔」と「努力の成果」は比例する

間違った方向の努力は、あなたの表情を貧相にしてしまう。


「あんなに努力したのに、うまくいかなかった」

「努力が足らないのか？」

「もっと頑張ろう」

「ああ、やっぱりダメだった……」

「職業を変えたほうがいいのかな……」

「ここでこんなにダメだったら、他に行っても同じこと」

「もう少しここで頑張ってみよう」


今の日本には、こんな自問自答を繰り返しながら、苦しくつらい、拷問のような努力を自分に課し続ける人が大勢いる。


このような人生を歩んでいると、わずか1年で人相は完全に変わってしまう。

「悲愴感が刻まれた顔」になってしまうのだ。あなたはどうだろう？　心当たりはないだろうか？

「大人になったら男は顔に責任を持て」

と言われる。

学生のときはイケメンと言われた人も実にならない努力をしたせいで、貧相なくたびれオヤジになってしまう。

逆に学生時代はそれほど目立たなかった男が、ビジネスでバリバリと活躍し、稼ぎ、遊び、いい女を知ることで「いい顔」になってゆくこともある。

好きで得意なことを仕事にしながら、良好な人間関係を保ち、潤沢なお金を稼ぎ、遊びの時間を持って毎日を楽しく生きる。

彼らはみな「いい男オーラ」を立ち上らせ、人生を謳歌する。

さて、ここであなたに一つ確かめてほしいことがある。

ここ数年のＳＮＳの自分の画像、もしくは実際の写真をさかのぼって見てほしい。その中で絶好調のときの表情と、イケてない表情のときがあることに気づくはずだ。悲愴感が刻まれている表情のときは必ず、心が少々病み、そのせいで、行動的ではなくなり、酒に頼り、恐怖、不安にとりつかれ、自尊心が傷つけられているはずだ。

つまり**「間違った努力」をしているときなのである。**

一方、正しい努力をしているときの表情は全く違う。自然な笑顔で毎日を楽しくイキイキと生きている。少々の困難にもたじろぐことなく、まっすぐな心で物事に当たることができている。

正しい有意義な努力をしているときと、そうではないときでは、表情だけでこんなに差が出るのである。

私が開催する「大人の海辺の社交場」と呼ばれる場所には20〜50代のアクティブな男女が訪れる。

あるとき、何となく生気のない顔つきの20代の男性がやってきた。
あまりに生気のない彼の表情を見て、二度と来ないかな……と思った。
ところが、しばらくして彼は転職をすると、イベントに意気揚々と現れたのである。自分の特技に合う、好きな仕事に転職したとたんに顔の表情が変わり始め、全く別人になっていた。

彼は間違った努力から、正しい努力へシフトし、悲愴感を払拭し、イキイキとした人生を歩み始めたのである。

努力の成果は時間差でやってくる。

今の努力が数ヶ月、数年後のあなたの「顔をつくる」のである。
充実した日々、成果を感じる日々、感動と笑いに満ちた日々を送る間に、あなたの顔は「いい顔」に変貌する。

未来のあなたの表情は、今、あなたが何に努力をしているのか、で大きく変わるのである。

努力の上手い人は、〝実になる努力〟で、「いい顔」に変わっていく
努力の下手な人は、〝実らぬ努力〟で「くたびれ顔」になる

やりたくない仕事を辞めると、なぜ結婚できるのか

やりたくない仕事をイヤイヤやっている人からは、魅力的なオーラは立ち上らない。異性から見てもそれはあきらかであり、出会いの場所に行っても、第一印象で大きく損をする。

一方、大好きな仕事をイキイキとやっている人は、楽しかった仕事の余韻をプライベートでも身にまとうことができるので、異性の目に魅力的に映る。

その差は歴然。
イキイキと好きな仕事に向き合い、充実した日々を過ごす人と、そうでない人とでは生命体としての周波数が全く異なる。
仕事を通じて魅力をどんどん伸ばす人は、男女問わず同じ周波数同士の人でくっつきやすい。すぐに友人になったり、あるいはすぐに恋に落ちる。

想像してみてほしい。

大嫌いな仕事にイヤイヤ向き合い、「俺だって努力してるんだよ……」と苦虫を噛み潰したような顔でボヤく人と、得意な仕事に没頭し、成績も上々、上司からも顧客からも褒められ、みなから尊敬される人。

この2人では第一印象が全く異なるのはあきらかだ。

つまりは、**努力の方向を間違うとモテない人間になり、恋愛も逃し婚期も逃すということだ。**

恋愛や結婚もビジネスと同様、弱肉強食の生存競争である。

どうにもならない場合は、結婚相談所などで紹介された人と出会い、結婚するという手もあるが、お金を払ったからといって魅力がなければ異性の心を動かすことはできない。

自分が「仕事の被害者」だということに気づき、「まじめにやってきたのに！」と怒りを抱いたときにはすでに遅し！　自分が「間違った努力の方向」を選んだことを後悔するしかない。

もっと違った仕事で正しい努力をしていれば、人間的魅力が増し、仕事に成功し、お金にも困らず、何ランクも上の異性と出会い、相思相愛になれていたかもしれない。

間違った仕事選びや努力の結果、恋愛や結婚もうまくいかなくなることがあると肝に銘じておきたい。

努力の上手い人は、仕事でモテ男になる
努力の下手な人は、仕事で男を枯れさせる

努力が報われる人は、いつも仲間から「選ばれている」

「『類友』の法則」というものがある。

輝いている人は輝いている人同士でくっつく、成功している人は成功している人同士でくっつく、魅力のある人は魅力のある人同士がくっつく――これは、世の中の定石である。

学生時代には輝きに満ち、一軍でならした「モテ男でリーダー的存在」だった男が、社会人になって数年後、〝二軍落ち〟するケースをよく見る。

そんなとき二軍落ちするのは決まって、「嫌いで不得意な仕事に就き、劣悪な人間関係の中、安月給で働いている男」だ。

さらに言えば、社外のサードプレイスで自分を磨くことをせず、会社と家の往復になっている人である。

そういう自分に合っていない環境に居続ける人は、だんだんと楽しい飲み会に誘われなくなる。楽しい飲み会とは「一軍女子」を迎えた食事会、パーティ、レジャーなどである。そこのメンバーからはずれてしまうのだ。

過去にいくら輝いていたからといって、今現在、輝きを失っていると、だんだんと魅力的な友達が減ってゆくのである。

なぜそんなことになるのか？

好きでもない仕事に向き合うことで心の躍動感がなくなり、顔に浮かない表情が刻まれ、悲愴感漂う雰囲気を全身で醸し出してしまうからだ。

「そんな！　今までの付き合いは何だったんだ？」

と周りを責めても後の祭り。

そんなふうに周囲を責めるあなたが甘い。

気づかないうちに、その場にふさわしくない、気分を害するような言葉、ふるまい、雰囲気を立ち上らせてしまっているのだ。

恋愛、出会いの場も「弱肉強食」である。

相手が一軍女性なら、男性陣とてベストメンバーで臨むのが定石である。

「あいつは最近、いまいちな感じだから誘うのをやめておこう」

「あいつは最近、いい感じにノッてるから面白い！　誘ってみよう！」

そんな取捨選択が世の中で、無数に行われているのだ。

あなたも誰かを選び、誰かを捨て、そのまた誰かに選ばれ、誰かに捨てられて今日に至っている。

30歳をすぎてイケてるメンバーに所属し、一軍女性との出会いを経験したければ、ムダな努力をしている暇などない。

社外コミュニティのリーダーが効果的な努力をしている人であれば、なおさら同じような「実のある努力」をしている人しか選ばない。

選ばれる男になるためには、「ムダな努力」をやめ、「効果的な努力」をし、成果を出して「ノッてる感」を醸し出すことだ。

努力の上手い人は、「ノッてる感」で一軍入りする
努力の下手な人は、「シケ感」で三軍落ちする

「不良思考」で「逃げの達人」になる

不良は「逃げの達人」である。

誤解を恐れずに言いたいが、ときに「不良精神を持つこと」は人生において大変重要な意味を成す。


得意ではないことを放棄する。

納得がいかない人間関係をあきらめる。

自分がムダだ、違うと感じるものを蹴っ飛ばし、避ける。


これは不良のマインドの最たるものである。

まじめに、不毛な努力を続ける人はみな、この「逃げ」ができない。

逃げることは悪いこと、放棄は悪いこと、責任を持ってやる……その言葉だけを信じ、創造的なシフトチェンジすらも否定する。その結果生涯、他人の人生を生き、後悔と虚無感に襲われる。

自分で品行方正すぎると思う人は、この際きれいごとを忘れて、次の言葉を素直に心の中で口走ってみてほしい。

「つまんねえんだよ」
「だるいんだよ」
「うぜえんだよ」
「めんどくせんだよ」
「しょぼいんだよ」
「だせーんだよ」
「むかつくんだよ」

どうだろう？　スカッとしないだろうか？

あなたは今、何に向かって、あるいは誰に向かって言い放ったのだろうか。

何かに対し、あるいは誰かに心の中で言い放ったその言葉、その感情こそが、あなたが心の奥底に抱く「本当の感情」なのだ。

その感情を少しだけ大事にして、そのエネルギーに寄り添ってみる。ほんの少しい人をやめて自分本位になってみてほしい――それが「不良になる」ということだ。

不良は、常に「自分らしさとは何か」を理解している。

自分の心に素直になる達人で、「自分らしさファースト」の天才なのである。これは反社会的な行為を認めて許そうという意味ではない。

マインドが不良な人は、会社に就職して「ここは自分の居場所じゃない」と思ったら、転職あるいは社外のライフワークで必ず自分の逃げ場をつくることができる。

創造的で積極的な現実逃避を楽しめるし、気晴らしだってうまくできる。

さらには逃げた先で「楽しい仕事・楽しい活動って何だろう」と柔軟に発想し、本物の人生を切り開いていける――これが本物の大人の「不良」だ。

生き方を誰にも支配されず、いっさい妥協せず、好きで得意なことで稼ぎ生きていく――そんな大人たちだ。

「不良思考―自分本位な創造的考え方―」があなたを不毛な努力から引きはがし、本当の自分へと導いてくれる。

ものわかりのいい大人になる必要はない。

あなたが、与えられた努力をすることしかできない「いい人」であり続ける必要は、どこにもないのである。

努力の上手い人は、「逃げ場」で活躍する
努力の下手な人は、逃げずに枯れる

努力が報われる人は、複数の「コミュニティ」に入っている

あなたはどんなコミュニティに、いくつ所属しているだろうか？

もし会社というコミュニティにしか所属していないようであれば、急いでどこかのコミュニティに入ることをお勧めする。人間関係でムダな努力をしないためである。なぜなら、会社というコミュニティ1つだけだと、そこでトラブルやストレスが生じたとき、あなたのプライベートは真っ暗になってしまうからだ。

もっと言えば、会社以外のプライベートコミュニティも複数あるといい。

プライベートコミュニティも1つしか入っていないと、そこで何か起こったときに、自分に非がないのに「いい人」になってつくり笑いをしたり、嫌なことを言われているのに聞き流したりする。

まるで会社でイヤな上司や取引先を相手にするように、心を殺す努力をしてしまう。こうなると、何のためのプライベートコミュニティなのかわからなくなる。ストレスをためながら、1つしかないコミュニティで必死に居場所をつくろうとする。

これも立派にムダな努力だ。

とっくに放棄、放置、無視してもいい状態にもかかわらず、「ムダな努力」「ムダなあがき」を重ねる。

そうならないためにも、複数のコミュニティを持つべきなのだ。

どのコミュニティが今一番楽しいか？　自分を成長させてくれるか？　運気のいい人がいるか？　など、そのときの自分の周波数や相性で判断する。

オフタイムの人間関係に、律儀すぎてはいけない。大好きで運気と愛があって、とにかく居心地がいいコミュニティとしか付き合うべきではない。

今のあなたが必要とするのは、フレッシュな新しいエネルギーが流れ込むコミュニティだ。

私も、自分が主催をしているものを含めて、複数のオフタイムコミュニティに属している。
学生時代からの仲間たち。
社会人になってからの遊び仲間。
趣味であるキックボクシング仲間。
ヨット&クルージング仲間。
サーフィン仲間。
夜遊び仲間。
大人の海辺の社交場を一緒に開催する仲間。
……その他、複数ある。

このように複数のコミュニティに所属していると、どこかで人間関係のトラブルがあったとしても全く引きずらない。
さらにどんどん新しい人と出会うから、人間関係はいつも澄み渡り、ストレス知らずの日々を過ごすことができる。

孤独を感じることはなく、魅力的な方々から注がれるエネルギーに満たされ、幸せな日々を送っている。

さあ、次はあなたの番だ。

会社でもない家でもない場所でサードプレイスをつくろう。

努力の上手い人は、複数のコミュニティに関わる
努力の下手な人は、一つのコミュニティで無理をする

「運」は「上機嫌に努力する人」のところに転がり込む

運は、上機嫌で楽しそうにしている人のところに転がり込む。

思わぬ取引先から声がかかる。仕事を何件も紹介される。ブログやSNSで発信をしているうちにお客様や取引先が増える。メディアの取材が向こうからやってくる。その結果、知名度が上がり、売り上げが増大した――そんな経験がないだろうか？

誰にでもこのように〝ノッている時期〟というものがある。ノッているときの努力は、とても結果が出やすい。

そんな時にこそ、さらに〝上機嫌に〟努力すべきだ。

悲愴感のある表情、不機嫌な言動、残念な見た目、利己的な態度でやっているとせっかくやってきた運も逃げてしまう。

その結果、人から避けられ、報われない努力が続く。

つまり、あなたの内面の周波数が、近寄ってきた運を遠ざけ、悪いものばかり引き寄せてしまうのだ。

大切なのは、「上機嫌に努力をする」ということ。

楽しいだけでなく、仕事の質を保ち継続的に努力を続ける。
今の目の前の活動を楽しみ、ある意味で酔いしれる——この陶酔状態に対し、周囲は迷いのない確信を感じ取り、興味と好意を持ち、あなたに運をプレゼントするのである。

では、上機嫌に努力をするにはどうしたらいいのか？
仕事や社外活動をウキウキの状態にするスイッチとは？

私が実際にやって効果があったことは、とてもシンプルなものばかりだった。
「音楽をかけて仕事をする」

「海で仕事を楽しみ、それをSNSやブログにご機嫌にアップする」
「書籍の文章を踊りながら書く」
などである。

私は「独立して一番つらい時期」に、この〝上機嫌に努力をすること〟を意識した。

企画書をつくるとき、作業をするとき、打ち合わせをするときは常に笑顔。眉を上げ、上機嫌な表情でパソコンに向き合った。

さらには気晴らしのために、お金がないのに夜遊びに出かけ、クラブで踊りまくって真っ白になった。

おかげで翌日は、絶好調で仕事に向き合えた。

このように、常に自分自身の〝機嫌〟をとり続けたのである。

それからである——やることなすこと、ことごとくうまくいき、よい運と縁に恵まれるようになった。

書籍執筆、講演依頼、広告案件への出演、世界的ブランドとのプロモーションアライアンスの依頼など、数えきれないオファーが〝向こうから〟舞い込んだ。ほとんどすべての女性誌に恋愛に関するコメントで登場し、数日おきに取材を受け続けた。


仕事がうまくいき始めると、「ノッてる感」が生まれる。その「ノッてる感」がさらなる幸運を呼び込む。

もちろん失敗だってあった。


上機嫌で悪ノリで行った仕事、たとえば「グラビアアイドルユニット」のプロデュースなどは失敗した。プロデュースにかかわったＤＶＤや音楽が、時間をかけた割にあまり売れなかった。

でも今では、「精いっぱい、悔いなく自由に仕事を楽しんだ」という感動や思い出が残り、思い出し笑いが湧き上がるから、失敗もやはり人生の大きな糧である。

運は、「上機嫌な周波数を放つ人」のところだけにやってくるのである。

努力の上手い人は、上機嫌で努力する
努力の下手な人は、チャンスが来ても、いつも不機嫌

理想の相手と
たった1回のデートで恋に落ちる方法

こと恋愛になると、あなたのやっている努力が「効果的か」「ムダか」がはっきりわかる。

たとえば、あなたに大好きな相手がいて、その人を食事に誘って断られたとしよう。

あなたはその後も何度も何度もデートに誘い、それでも断られる。にもかかわらずメールを毎日毎日送り付け、返事もないのにそれを送り続ける……。

こんなことを続けていても恋が成就しないのは誰の目にもあきらかなのに、意外と多くの人が大なり小なり似たようなことをやっている。

ここでやるべき正しい努力とは、まずは外見を含めて、自らの魅力を徹底的に磨くこと。

その上で相手と適度な距離で親しくなり、ランチに誘ったり、友達を含めて会ったりしながら、徐々に距離を縮めていく。

また1人に対する思いが強くなりすぎると、力みすぎて自分の魅力を十分にアピールできない可能性があるので、あえて様々な異性と交流し友達になる。

そして、本命候補に振られたときのために、何人か恋の予感のする相手を保険としてとっておく。

それによって、本命に対して重くなりすぎない余裕ができ、仮に本命の恋が実らなかったとしても、その他の恋が実るようにしておく。

これが恋における正しい努力と言える。

ところが、こんなムダな努力をする女性もいる。

その女性はモテている男性に対して「私はあなたを思う気持ちでは誰にも負けない！」とアピールし、プレゼントを贈り続けた。

ところが、彼女はオシャレには無頓着。メイクもほとんどしない。これではいくら相手に「好き」をアピールしても、振り向いてもらえない。

その証拠に、彼女からのメールに対し、男性は5回に1回しか返信をしない。しかし、彼女はこの1回の返信メールにとんでもなく感激する。

このような場合、彼女は間違った努力をしていることに早く気づくべきだ。「追う」「尽くす」の前に、まず彼が好むような女性にならなければいけない。

ファッションやメイクを整え、体型を変え、人生を楽しんで、ナチュラルな笑顔が刻まれたファッショナブルな女性になる。

さらには誇りを持てる仕事やライフワークと向き合い、イキイキとした毎日を送り、少々のユーモアやワイルドさも身につける。

ところがそれらをいっさい放棄して、今のままの自分を押し売りするのは「間違った努力」でしかない。

相手からすれば、**買いたくもない商品をずっと押し売りされるようなものである。**

恋は人の判断力を鈍らせ、相手のニーズや自分の価値を差し置いて間違った努力をさせてしまう。

恋こそ相手のニーズを満たすことが、非常に重要なのだ。

相手のニーズを満たす魅力さえ持っていれば、こちらが追う必要はない。好みの異性をたった1回、食事に誘うだけで恋は始まるのだ。

しかも、相手の気持ちに火がつけば、それからは一緒にご飯を食べるだけで、相手の恋心は燃え上がっていく。

相手のニーズに合わせて、自分の魅力をアップさせる――これが恋愛における最善の努力なのだ。

努力の上手い人は、相手目線で自分の魅力を磨く
努力の下手な人は、今の自分を「押し売り」する

第3章

大好きなことだけやる前に気をつけておきたい12のこと

「好きを仕事にしたら失敗する」は本当か？

仕事は、自分の性格に合ったものを選ぶべきである。

性格に合わない仕事にいくら努力を傾けても、それはムダに終わるケースがある。

私にも経験がある。

学生時代から社会人1年目にかけて、私はアクティブな人が集まる華やかな世界にいた。

イベントやマスメディアなどと関係の深い業界だ。

しかしあるとき私は、あえて地道な仕事をしようと決意し、転職をした。

創造力や個性を必要としない仕事だった。

非リア充な人々も、たくさんいた。冒険、挑戦、色気、ファッションなどとは無縁の世界だった。

今までの人生で居た場所とは異質な空間であった。

私はそこでみなと同じように淡々と仕事をこなし、ルールに則って正確に作業をこなした。凍るようなオヤジギャグに笑ったふりをする練習もした。たまに流行りの話をしようものなら、嫌みを言われたり、足を引っ張られたりした。

しかし、5年を経た頃に限界がきた。社外で交流していた先輩から「PR会社をやらないか?」と誘いを受け、1週間で決断し退社をした。

このとき感じたのが「もっと早く辞めていればよかった」という感覚である。「好きを仕事にしたら失敗する」というおかしな考えを信じ込み、5年もこの会社に在籍していた。

「社会は甘くない」という一般論を信じて、自分を過小評価し、成功するためではなく「失敗しないための仕事」を選んでいたのである。

もちろん、地味で地道なルーティン仕事が悪いということではない。

たまたま私にとっては能力を発揮できない場所であり、面白味を感じない場所であったというだけのことだ。私は時をムダにしていた。

先輩や年長者のアドバイスを、すべて鵜呑みにしてはいけなかったのである。

そのアドバイザーが、どのレベルの成功と生きることへの喜びと、憧れ感をまとっているか？

あなたとわかり合える価値観、センスを持っているか？

それを見極めてから、話を聞くべきである。

今の私なら、当時の私にこうアドバイスしただろう。

「自分が得意で、好きで、没頭できて、人間関係がよくて、社会的ニーズがあって、よいビジネスモデル、よいキャッシュフローの仕事を選び、そこで努力しなさい」

と。

あなたには、私のような遠回りをしてほしくはない。

もし今、あなたが自分の性格に合わない仕事をしているとしたら、もっと性格に合った仕事がないか、貪欲に知ることが必要である。

努力の上手い人は、〝性格に合った〟仕事を選ぶ
努力の下手な人は、〝性格に合わない〟仕事で苦しむ

ちょっとだけ「自分本位」に生きてみる

「もうすぐ死を迎える人」、あるいは「80歳以上の方」に「今まで生きてきた中で何を後悔しているか」を調査したところ、**「自分の意志に従って挑戦しなかったこと」が最も多い回答になったという。**

それだけ多くの人が「耐え忍ぶ人生」を歩み、「後がない」とわかったときに後悔をしていることがわかる。

もちろん「〇〇をやらなければよかった」という回答もあるのだが、それは反省材料として未来に活かされてきたからだろうか、数はさほど多くなかった。

この「自分の意志に従って挑戦しなかったこと」に続く回答は、

「健康を大切にしておけばよかった」
「自分に嘘をつかずに生きればよかった」
「仕事以外のこともすればよかった」
「自分のやりたいことをやればよかった」

「人の目を気にせず行動すればよかった」

「悩まず楽天的に生きればよかった」

「直感を信じるべきだった」

「情熱に従うべきだった」

「自分の本音を言うべきだった」

……だそうだ。


映画監督のガブリエル・フリードマンはこんな言葉を発している。

「『もしこの仕事を辞めて、収入を失ったら、次は決して見つからない』という声に耳を傾けないことだ。次の仕事は見つかる」

もちろん短絡的に転職を繰り返し、直感で会社を辞めてしまうことがいいとは言わない。

そんなことをすると、「辞めなければよかった」という後悔のほうが強く残る人もいるかもしれない。
しかし、人生はそう心配ばかりせず、少しだけ自分本位になってアクセルを踏み込むぐらいがちょうどよく、終わりにおいても後悔しないのではないか、と私は思う。

たとえば、人は「自分本位に挑戦した結果の失敗」については、その過程で生じたドラマやロマン、感動などを「かけがえのない体験の一つ」として、前向きに評価する習性があるそうだ。

そうなると、今度は「やらなかった後悔の痛み」と「挑戦して失敗し、味わった痛み」を天秤にかけ、どちらがより強い苦痛だと感じるかが比較の対象となる。
苦しむくらいならロマンなどないほうがよかった、なのか？　平穏に大きな失敗がなかったからよかった、なのか？　その判断は人による。

ただ、暮らせないほどひもじい思いをするくらいなら、夢など追わなければよかった、挑戦などしなければよかった、という人は多いだろう。

となれば、やはり「健全なキャッシュフローと物心ともに健全な最低限以上の暮らし」を得るための努力は必須である、と言えそうだ。

努力の上手い人は、自分の意志に従って挑戦する
努力の下手な人は、失敗したくないから挑戦しない

「健康な毎日」と「わずかばかりのお金」どちらを選ぶ？

今、あなたは、健康と命を「わずかばかりのお金」と交換していないだろうか。職場で過剰なストレスを感じていないだろうか？

2016年の厚生労働省の労働安全衛生調査では、6割近い人が仕事で強いストレスを感じていると報告されている。

中でも最も多かったのが「仕事の質・量」で53・8％を占めた。

「やりがいを感じない」

「自分の能力に合わない」

「職場の人間関係によるストレス」

「人手不足による負荷」

などが続く。

ひと口にストレスと言っても温度、気圧、騒音などの「物理的要因」、薬品や添加物などの「化学的要因」、過労や栄養不足、睡眠不足、病原菌に対する防御などの「生物的要因」、人間関係や性格、社会的環境の変化などの「精神的要因」がある。

このうち職場のストレスの多くは、「生物的要因」「精神的要因」に含まれる。

そして、これらのストレスの多くが病気を引き起こす。

病気につながってしまう苦しい努力ほど、ムダなものはない。

誰もがみな生きるために努力するのに、その努力のせいで病気になり、命を失うことは、もはや好んで自殺をすることに等しい。


では、職場でのストレスがたまったらどうすればいいか？

応急処置法として「感情を書き出す」「走る」「笑う」「好きな物を食べる」「スポーツをする」「お酒を飲む」「座禅やヨガをする」「ドライブに行く」「散歩する」「音楽を聴く」「歌う」「踊る」「マッサージを受ける」「恋人と会う」などがある。

ストレスに悩む多くの人が転職も独立もせず、付き合う人間も変えられない状態にある。

もちろん取引先だって変えられないだろう。

その場合は、前述のような気晴らしで〝しのぐ〟しかない。

あるいは、自宅と会社外の「サードプレイス」で本当に好きな仕事、活動、ライフワークを見つけて、ストレスを解消する手もある。

このようにしてうまく息抜きしながら、ストレスを追い出し、逃げずに目の前の仕事をやりきるのも人生の醍醐味である。

しかし、それでも強いストレスを感じ、病気の兆しが見えるようであれば話は別だ。

そんなあなたは、「働き方」に関する努力の方向と方法を間違っている可能性が高い。

その場合は「仕事を変える」「転職する」「会社との契約形態を変える」というダイナミックなシフトチェンジが望まれる。あなたの健康と命を守るための究極の考えだ。

果たして、そうやって逃げることが正しい努力と言えるのか？　と思う人もいるかもしれない。

しかし、よく考えてみてほしい。

命を労働によって縮めてしまう――そんな命を削るような努力に何の意味があるのだろうか?

あなたでなくてもできる仕事ならば、なおさらである。

命を削る、命を生贄《いけにえ》にする――そんな努力は今すぐやめていい。

努力の上手い人は、命を「削る」仕事から上手にシフトする
努力の下手な人は、命を「生贄」にして小銭を稼ぐ

努力が報われない人は、
実績と「肩書」「看板」が合っていない

あなたは、自分が掲げる「看板」と、実績・実力が一致しているだろうか？

たとえば、個人コンサルティングを生業としている人を例にとってみよう。

いくらその人が「あなたのモチベーションをアップさせて目標達成を応援します」と声高に叫んだとしても、本人が大した目標を達成しておらず、収入も平均以下、人間的魅力もない――とくれば、誰がその人に個人コンサルを頼むだろうか。

「売れる仕組みをアドバイスします！　売り上げ増加の強い味方」という触れ込みの人が、自分自身で売れる仕組みをつくれていない。

それどころかお金に困っていそうな佇《たたず》まいで、いつも切羽詰まった表情をしている――これでは説得力はゼロである。

仕事を頼むどころか「この人にかかわってはいけない」となってしまう。

今、あなたが名乗っている肩書・看板と、実績とがあまりにかけ離れている場合は、今すぐ肩書・看板を見直そう。

もし、そのままの状態を続けたらその努力自体が「ムダな努力」となってしまう可能性が高いからだ。

自分でよくわからない場合は一度、第三者の目線からチェックしてもらって、ムダな努力をしないようなチューニングをしてみることをお勧めする。

努力の上手い人は、能力と看板が一致している
努力の下手な人は、嘘の看板を見透かされる

何事も反対するビジネスパートナーから
こうして逃げろ

何かをしようと思うと、必ず反論してくる人がいる。

こちらの発言や行動を止めることに命がけな人。

そんな人が近くに存在するだけで、人生に大きなムダが生じてしまう。

多くの人が彼らと本気で向き合い、何とかしようとしてしまう。しかし本来、何度もぶつかる相手を説得する労力と時間は別のことに使うべきである。

だからそのような相手は、何らかの方法で今すぐ自分と切り離すことをお勧めする。

あるいは、あなたに悪意を持って何事も感情的に否定してくる仕事仲間がいたとする。どう対処すればいいか？

そんなときは、その人には新企画を相談しないのだ。他の人に先に相談する。そしてある程度膨らませてから全体提案する。

もし、あなたがある程度自由が利くポジションにいるのであれば、少しワンマンで動いてみる。

権限がなければ、反論されたときに「うんうん、なるほど」と耳を傾け、言い争わずにやり過ごす。聞いたふりをして意見を取り入れない。そうやって実質的な関係を切る。

じっくり話し合うのではなく、切る方向に持っていく。このドライな決断が、あなたの人生から時間泥棒を排除する。

もちろん時には、反対意見も必要ではあるので、そのときは、コミュニケーションバランスのいい人に相談する。

そうすることで、自分のモチベーションを維持するのだ。とは言っても、相手に権限がある場合はそううまくいかないときもある。そのときは、覚悟を持って自分を貫いたほうがいいときもある。

随分前の話だが、社外の起業実践会を、先輩を含め5人でやっていたことがあった。その会で上がった案件を、みなで実際に商売にしてみるという活動だった。

そのとき私は、東京・渋谷の女子高生ギャルの間で流行っていた頭部に着ける「花」を改良した商品を考案した。クラブや夜の海で光るように夜間仕様にし、そこにココナッツフレーバーを施したのだ。

私は意気揚々とプレゼンテーションをしたが、結果、「このチームでは手がけません」という決断が下された。

ただ、私は、どうしてもやりたかったので、それを自分一人でやってみることにした。製品化し、販売を始めたところ、数百個売れた。

すると先輩が、「チームでブラッシュアップした案なのに、一人で勝手にやるのは気分が悪い」と言ってきた。

その瞬間から、私はお人よしにならず、そのチームを心の中で切り離した。

「もともと私の案ですし、チームではやらないとなったんですから、いいですよね」

しかし先輩は「それはチームワークを乱す」と言って認めようとはしなかった。それでも私は販売を続けた。

人生の時間は限られている。

ものの理を整理した上で筋を通したことは、思い切ってやりぬくことだ。

このとき、もし私がチームの方針に従っていたら、自分がやりたいと思っていたことができなかったことになる。

そんなバカバカしいことはない。

「否定するだけのビジネスパートナーから離れる」

これをしなければ、あなたはこの先も延々とムダな努力を強いられることになる。

仕事のスピードが遅くなり、生産性も下がり、第一楽しくなくて、ストレスもたまる。そういう時間を人生からなくし、楽しいことをやるのに集中するために、時には自分一人でも行動することである。

誰に遠慮することもなく自分が主役で、自分が全権を握っている別の場所をつくる。ここではないどこか「another paradise」を持って、人生をもっともっと楽しもうではないか。

努力の上手い人は、相談する相手を選ぶ
努力の下手な人は、反対意見の人を説得しようとする

努力が報われる人は天職の存在を信じ、ひたすら努力の方向性を変える

これまで、イヤなことから逃げていいから、自分の好きなこと、やりたいことに努力の方向性を変えなさいと口を酸っぱくして言ってきた。

その一方で、これまで転職や独立をしたけれど、あまりうまくいっていない、という人もいるだろう。

その人たちが一番気になること、それは「転職は何回まで許されるのか？」ということではないだろうか？

努力の方向を変えて、その方向が違っていたらどうしたらいいのか？

その場合は、少しのアレンジを加えてみて、それでうまくいくようならそのまま進めばいい。

しかし、根本的に間違っていたときは、どうしたらいいのか？

間違ったから変え、変えたらまた間違っていた――そんなことを繰り返していたら、信用を失わないだろうか？　飽きっぽいと思われるのではないか？

結論から言おう。

「努力の方向は何度変えたっていい。
マイナーチェンジよし、
大きくシフトすることもよし」

なのだ。

それが、「己の人生を生きる」ということだ。
たしかに場合によっては、「またあいつは三日坊主か？」となる。
協力者が、不快な思いをするときもあるかもしれない。
しかし、それはしっかり筋を通すことで解消できる。

短期間で方向を変えざるをえないときは、協力者や応援者にしっかり報告すればいい。なぜ間違ったのか？　次はどの方向に変えるのか？

それをしっかり報告し、相談することだ。それさえしっかり報告・相談しておけば、ただの「長く続かない困ったヤツ」程度の評価で済む。

もちろん報告するときは、心の底から謝る。相手を煙に巻こうとしてはいけない。

その際、相手は多少不快になるだろうが、おそらく1ヶ月もすれば忘れる。場合によっては関係を切られるかもしれないが、それは仕方ない。

あなたの都合で方向性を変えるのだから、「全く傷つかない」なんてのは虫がよすぎる。

ただ、信念を持って努力をしてきた人間同士は、たとえ生き方を変え、携わる仕事を変え、違う業界に移ったとしても、互いの心中には何かしらの思いが宿るものだ。

たとえば、昨日まで遺跡発掘や考古学者を目指していた人が、ある日突然イベント主催などのエンターテインメント業界に転身したとする。

それでも、根底に流れる「人々をワクワクさせたい！」「驚かせたい！」という思いは、共通する。したがってそのことをしっかり口にして伝えればいい。

努力の方向を変えるときは、信念を持ってひとつひとつに向き合い、釈明する。少々変わり者と思われても、きっと周囲もあなたの努力を買ってくれるはずだ。

努力の上手い人は、筋を通した上で進むべき道を変える
努力の下手な人は、「相手に悪いかな」と思ってシフトできない

偉人たちも、天職を見つけることに
とことん貪欲的だった

これまで「努力のシフトチェンジ」は何度してもいい、とお伝えしてきた。
その事例を偉人たちの足跡からたどってみよう。

ケンタッキーフライドチキンの創業者カーネル・サンダースは、60歳過ぎで創業するまで40種以上の職業を渡り歩いた末に、秘伝のスパイスをもとにフランチャイズビジネスを展開した。

スターバックスコーヒーを一躍有名にしたハワード・シュルツは、もともとコーヒーとは全く関係のない調理器具の営業マンだった。その後、イタリアのエスプレッソバーの魅力に感銘を受け自ら開業、コーヒー豆販売店のスターバックスを買収し、世界中で2万7000店舗以上を展開するコーヒーチェーンにまで成長させた。

歌手の福山雅治さんは高校卒業後、地元長崎市の電機会社をすぐに退職して上京、運送会社、ピザ店、材木店などを転々としたのちにデビュー。現在の活躍はみなさんご存知の通りだ。

自己啓発書でおなじみの銀座まるかんの創業者、斎藤一人さんも中学卒業後、トラック運転手や塗装工など仕事を何度も変えたのち、高額納税者番付で12年間連続10位以内、平均年収30億円と言われるほどの大実業家になった。

世界的大ベストセラー『人を動かす』の著者、デール・カーネギーは、新聞記者、営業マン、タレント、話し方教室のトレーナーなどを経て、あの名著をあらわし、今では全世界で累計1500万部以上発行されている。

そのカーネギーが、こんなことを言っている。

「成功者とは、失敗から多くのことを学び取って、新たに工夫した方法で、再び問題に取り組む人間のことである」

我々一般人も、大いに勇気づけられる言葉ではないだろうか。

努力の上手い人は、〝努力すべき場所〟を探すことに努力する
努力の下手な人は、〝与えられた場所〟で努力する

「好き×情熱」で
うまくいく人、いかない人

好きなことに情熱を持って打ち込む——それは完全な昇華の状態であり、生きることの目的「そのもの」と言える。


スポーツに打ち込む。

好きな趣味にハマる。

恋に溺れる。

子育てに没頭する。

好きなことに情熱的に打ち込むことは幸せなことであり、それが「仕事」だったら24時間が楽しくて楽しくて仕方ないはずだ。

成功者がよく言う「好きなことに情熱を持って打ち込めたことが成功の要因です」という言葉は、まさに箴言《しんげん》だ。

しかし、この言葉を鵜呑みにしてはいけない。

好きなことに情熱的に打ち込んだのはよいが、ビジネスとしては失敗し、家族につらい思いをさせたり、自分も金欠で思い悩んだり、あるいは体を壊したりする人もいるからだ。

いくら楽しくやっていても、ビジネスとして成り立たなければ破産する。


はっきり言おう。

楽しいだけの努力、お金にならない努力なら、いくら好きでも本業にするのは考えものだ。

仕事、家庭以外のサードプレイスで、お金に関係なく楽しい活動をするのはいい。

しかし、ビジネスタイムで、大好きなことに情熱的に打ち込んだとしても、平均年収をはるかに下回るような状態は危険である。


ことお金を稼ぐとなると「好き×情熱」だけでは、必ず行き詰まる。

お金を稼ぐためには「好き×情熱」だけでは足りないのだ。

私はここまで何度も、「まずは好きなことをやってみよう！」と言ってきた。

たしかにこの言葉は、真実だし、私は心の底からこれが大事だと思っている。

しかし、これは最初の行動を喚起するための「きっかけフレーズ」であることを理解してほしい。

何でも始めないことには話にならない。

中には「好き×情熱」だけでスタートして、運よくキャッシュフローがついてきたり、金銭的、社会的に力のある人がお金の流れを提供してくれたりするケースもある。

ただ、この部分を運頼みにするのは少々危険だ。

「楽しかった」「感動した」――けれど「ひもじい生活になってしまった」「家族に迷惑をかけた」となるやもしれない。

ここで必要なのが、**「正しいビジネスモデル」と「市場ニーズ」だ。**

正しいビジネスモデルとは、適正なお金を得るための仕組みであり、市場ニーズとはその商品やサービスに、ユーザーニーズがあるかどうかということだ。

この2つを満たすために、様々なチューニングが必要になる。それにより「結局お金にならなかった」を避けることができる。

逆に言えば、これさえしっかりやっておけば、あなたは好きなこと、情熱的にできること、にいくら打ち込んでもいい。

一歩を踏み出すことは素晴らしいこと。好きに出合うことも、情熱を傾けることも最高なこと。

しかし「ビジネスモデル」と「市場ニーズへのチューニング」は、入念におこなわなければいけない。

それは、情熱とは反対の、冷静な頭脳を持って客観的に判断することだ。

努力の上手い人は、お金を得る仕組みとニーズを客観的に判断する
努力の下手な人は、「好き×情熱」だけで突っ走ってお金に困る

シフトチェンジをする前にすべき、たった1つのこと

夢もロマンもやりがいも、「お金」がなければどうすることもできない。

お金は酸素のようなものであって、どんな生き方をするにしても、「なし」では何も実現できない。

だからもし、あなたがムダな努力だと感じるような仕事をしていたとしても、最低限のお金が得られているのなら、そのキャッシュフローは大事にしてほしい。

何はともあれ、まずは「お金の流れをつくる」ことが大事なのだ。


私には、勢いで会社を飛び出して、とんでもなく苦労した経験がある。

私の独立は2歳と0歳の子を抱えての無謀なスタートだった。今となっては〝冒険話〟だが、一歩間違ったら、大変なことになっていた。

副業から成功した人々の話を聞くことで、事前にキャッシュフローをつくっておくこともできたはずだ。

いずれ辞める気であったのなら、多少会社との関係が悪くなっても、もっとダイナミックに会社での働き方を変え、社外での安定したキャッシュフローを事前につくっておいてもよかったかもしれない。

にもかかわらず、当時の私は朝10時〜夜の9時すぎまで目いっぱい会社で働いた。悪しき努力習慣によって、当時の私はムダな努力を続けていた。

結果、ほとんど何の準備もしないまま、会社を飛び出すことになる。

「独立」といえば聞こえはいいが、実のところ代表との考え方の相違、報酬への疑問、会社が求める成果が出せなかった――それらが相まって辞めることになったのだ。

しかもこのとき、2人の幼子に加え、5000万円弱のマイホームローンを組んだばかりだった。なので、お金の問題は切実だった。いざというときは、肉体労働のバイトで月14万円の住宅ローンを返そうとさえ思っていた。

会社を辞めた当初の収入は、副業でやっていた総合情報サイト・オールアバウトの「恋愛コラム（恋愛ガイド）」執筆だけで、ギャラはわずか一本3万円前後であった。

その後、各種企業の広報を委託で受けたり、ライティングの仕事をしたり、広告代理店の企画書を書いたり、といった細かい仕事でキャッシュフローをつくりつつ、現在の本命である書籍執筆やライフワーク講座などを同時に開拓していった。

改めて振り返ると、総合情報サイト・オールアバウトの「恋愛コラム」を書く「ガイド」という仕事があって本当によかった。

私はこの仕事が大好きで、得意で、没頭できる唯一の仕事であった。

しかし、この恋愛コラムニストの仕事と、周辺のコンテンツビジネスを意図的にシンクロさせて活動を広げていったわけではない。

「書いた記事に対する反応がよかった」
「そこから私の知名度が急速に上がった」
「結果、メディアや企業から仕事の依頼が舞い込むようになった」

などが重なり、コンテンツ・マーケティングによるセルフブランディングが自然と確立されていったのだ。

つまりは、「正しい努力を選んで結果を出した」というよりも、**「反応がよかったことを続けたら、たまたま結果が出た」というだけである。**

その後、独立4年で自宅とは別に、東京・芝浦アイランドのタワーマンションにオフィスを借りることができ、２０１５年には東京・目黒に4階建ての自宅兼自社ビルを建てられるほどに収入は増えた。

これもひとえに、会社在職中に始めた「オールアバウト」の副業ライティングがなければありえなかったことであり、独立後、小さなキャッシュフローをつないでいったからに他ならない。この2つのどちらが欠けていても、私の独立はうまくいかなかったと思う。

繰り返すが、**何といっても最初はキャッシュフローである。**

酸素と同じくらい大事なキャッシュフロー、そう覚えておいてほしい。

しっかりキャッシュフローをかき集めよう。

ホームレスになっては、ビジネスどころではないのだ。

努力の上手い人は、まずキャッシュフローを確保する
努力の下手な人は、「まあ、なんとかなるだろう」で行き詰まる

固定給は大切な「酸素」。
簡単に切るのはやめよう

会社員も起業も、両方経験した私だからこそ思うことがある。

絶対的な安定の上で副業をすべき――私はそう思っている。そのほうが正しい努力ができる。

副業と聞くとかっこよくないが、固定給をもらいながらパラレルワーク、ライフワークをする時間を捻出する、ということだ。

得意なことであれば、やっていてもつらくはない。社外で好きなことが見つかった――そういうときこそ**「つまらないルーティン」から生まれる「給料」が大切な「酸素」であることに気づくチャンスだ。**

ルーティンの仕事を退屈がるだけではなく、会社に行けば給料をもらえることに感謝しよう。

社外で本当にやりたいことが見つかると、毎月の固定給に感謝できるようになる。

あなた以外の誰か、その会社の創業者が、身を削ってつくり上げたビジネスモデル。その中で作業の一片を担い、キャッシュフローのおこぼれをもらう。

実はこれが大切なのだ。
なくなると、現実逃避すら難しくなる。
毎月の固定給は、上手にムダな努力から「逃げるため」の軍資金になる。
大事な資金源をそう簡単に切ってはいけない。
お金がなくなれば努力もできないし、自由も命も絶える。
逃げるなら、〝金の流れを握ったまま〟逃げ場で努力せよ、ということだ。

努力の上手い人は、固定給に感謝しつつライフワークに没頭する
努力の下手な人は、資金源を自ら絶って、夢も絶える

「フリーランス」「サラリーマン」、どっちが向いてる?

あまり儲かっておらず、経営が不安定な自営業者にとって、毎月「安定した収入」が得られる大企業のサラリーマンはうらやましい存在だ。

安定したキャッシュフローの中で働く人々が、とにかくうらやましい。

一方「安定したキャッシュフロー」を得ている会社員の中には、自分の意思で仕事を選び、自分の力量、興味、能力、人脈で仕事をとり、魂を入れて仕事をこなす自営業やフリーランスがうらやましい人がいる。

つまり、**隣の芝生は青く見えるということだ。**自営業・フリーランスは安定に近づきたがるし、会社員は自分が主役の活動やビジネスに憧れる。

そうすると、両方ミックスされた仕事が一番理想であることがわかる。

とはいっても、やっぱり人の適性は自営業タイプの人、ミックス型、完全に会社員派、といった3つに分かれる。なので、一度ぐらいは自分がどのタイプか、冷静に診断しておく必要がある。

ある30代の男性サラリーマンは、リクルート系の販売会社で携帯電話の営業をする部署の部長に抜擢された。

当初部員は10人。しかし彼は部長として結果を出す部下を多数養成し、ついに部員は60人までに膨れ上がった。

しかしある日彼は、会社の方針とぶつかり、退社を決意。結婚式の映像制作をする会社を興し、努力の形と方向を変えたのである。

しかし彼はその後、精神的不安定に陥り、酒に溺れ、怠惰な毎日を過ごすことになってしまった。起業をすると経営・商品開発・営業開拓・財務をすべて自分でやらなければならない。

最初の数ヶ月間、売り上げが伸びず、貯金を切り崩して生活せざるを得なくなった彼は、大きなショックを受けた。

さらに2ヶ月後、資金繰りの不安に耐えきれなくなった彼は、商品を改善するといった作業にも気が回らなくなった。

そして、昼間から酒を飲んで寝るようになってしまった。

同業者から「根性ないね……」「心が弱いね」と叱咤《しった》されたが、彼は再起することなく、再就職してしまった。あれだけ会社では成功をおさめた彼でも起業家、独立事業主としては能力以前に心が壊れた。

「怖い上司や会社のルールにしっかり管理され、安定した給料がないと仕事に集中できない……」

それが彼の偽らざる心境だった。

その後、彼は中学受験を扱う学習塾に就職、異例の出世を遂げ「デキるサラリーマン」へと返り咲いた。


その真逆のタイプといえるのは私で、会社を辞めて自営業になった結果、会社員時代の8倍の収入になり、毎日が楽しくやりがいに満ちている。

そして、二度と会社員には戻りたくないと思っている。


自営業・フリーランスが向いているのか？

安定的な会社員のほうが向いているのか？

人によって、努力の相性は全く異なる。

会社員で窓際だからといって、自営業で成功しないとは限らないし、会社で大出世しているからといって、自営業でうまくいくとは限らない。

成果の出る努力の方向、努力の方法は、人によって本当に千差万別なのである。

努力の上手い人は、「就職」「独立」……それぞれ相性を見極める
努力の下手な人は、〝今の働き方〟に固執する

第一印象は当たる。「ウマが合わない」と思ったら見切る

初対面なのに、何となくウマが合わない人がいる。思いがけず、近寄りたくないオーラを発する人である。

私の場合、なるべくそういう人には自ら話しかけないようにするが、向こうから話しかけてきたり、人の紹介だったりすると、少し会話せざるを得ないときがある。話した瞬間から、早くその人から離れたい気持ちになる。

きっと、あなたもそのような経験があるはずだ。

「でも、人のいいところを見ないとね……」

そんなことを思っている時間――**それこそがまさにムダなのだ。**ムダな愛想、ムダな会話、ムダな不快感、ムダな事後処理に付き合っている時間はない。

あなたの心が拒絶した相手、生理的に無理だと思った相手は、必ずあなたに不快や苦痛を運んでくる。

悪い勘は必ず当たるのだ。

我々は群れで狩りや農耕をしたヒト科の動物である。

つまり、種の保存を図るべくＤＮＡの中に防衛本能が組み込まれ、命のリレーを繰り返している。

そのおかげで、私もあなたも、今日現在までなんとか生き長らえることができている。だから、あなた自身が感じた「近寄ってはいけない相手を察する第六感」を無視してはいけない。

自分の勘をあなどってはいけない。あなたの第六感は、イヤな相手がもたらす未来の損害を最小限に抑えてくれているのだ。


第一印象がよくなかった人は、遠からず人間関係であなたに事故をもたらすことになる。最初にあなたが感じた危険信号は、十中八九その後に起こる「災難」の信号なのである。

あるパーティでの話。そこで出会った男性から、後日「お会いしましょう」と連絡が来た。

パーティで出会った瞬間から、なんとなく「イヤなオーラ」を醸し出していたので、正直再会するのは億劫だった。しかし、そこはこらえて求めに応じた。

そのときは、人として寛大でありたいという気持ちが勝ったのだ。その人のよいところを見て、未来にかけようと思った。しかし、その気持ちが仇となった。

あるとき彼が「共同事業に使うから○○万円出してください」と言うので、その金額を振り込んだとたん、音信不通となったのだ。甘かった。

これ以外にも、「負のオーラが強く、思い込みが激しいな」「人の悪口が多いな」と思った相手とビジネスでかかわったときのことだ。

突然、相手が情緒不安定のような攻撃的態度に出て、コミュニケーション事故が起きた。

人生は、こんな人間たちをゆっくり相手にできるほど長くはない。

第一印象で切ってしまうこと、それがムダを省き、心の豊かな時間を得ることにつながる場合もある。

さあ、あなたはどうだろうか？

努力の上手い人は、「イヤな相手」をすぐに見切る
努力の下手な人は、「いい人」ぶって、イヤな相手とも付き合う

第4章

大好きなことがわからないあなたに贈る「ライフワーク」の見つけ方

転職に踏み切れない人のための〝失敗しない〟転職術

本書の読者の中には、「すでに就職して何年も経ち、いまさら転職や独立は考えにくい」という人もいるだろう。

得意ではない。
好きでもない。
キャラクターに合わない。
このような仕事に就いてしまったが、いまさら変えられない――という人たちの気持ちは本当によくわかる。

私もなかなか転職できなかったし、独立するまでに時間もかかった。

そこで、そのような人々はまず、**「会社外で自分にぴったりなライフワーク」を見つける時間を捻出することをお勧めする。**

仕事外の時間で、自分は何が好きなのか、得意なのか、なぜその世界の人々に魅力を感じるのか、よく考えてみる。

そのちょっとした努力がこの先、ムダな努力をしない生き方につながってゆく。

大学や高校のときのような「やっつけ就職活動」「やっつけ進路策定」ではなく、じっくり時間をかけ、社外でいろいろな世界を学び、体験し、実際に働いている人に話を聞き、会社を辞める前に〝触れて〟みればよい。

休日やアフター5に〝触れて〟みて、ぴったりの努力対象が見つかるまで方向転換し続ければいい。

経験上だが、サードプレイスでのライフワークは、エキサイティングで得意なものだけに的を絞り、楽しみながら向き合うべきである。

面白くないものは続かないし、ストレスと疲れだけがたまるので、本業に支障が出てしまう。

正しい努力の方法を選ぶ教育が存在しないこの国で、後悔しない「働き方」を見つけるには、自助努力が必要なのだ。

会社の仕事をまじめにやっていればいいといった受け身ではこの先、人生100年時代を充実して生きることは難しい。

受け身のまま何の準備もしなかった人は、必ず60歳以降、戸惑う。鬱々とした心で第2の人生を過ごさざるを得なくなる。

そうならないためにも、アフター5、週末の時間を、本当にやりたいことを探す時間にあてる。興奮しながら社外で新しい努力の方向を探そうではないか。

努力の上手い人は、「得意」「楽しめる」で、転職先を探す
努力の下手な人は、給与・待遇だけで転職先を決める

「正しい逃げ」をすると、
「好きなこと」「やりたいこと」が見えてくる

ここまでの項で仕事外の時間で、自分は何が好きなのか、得意なのか、よく考えてみようと提言してきた。

ところが、いざ考えようとすると、そもそも自分は何がしたいのか、何が好きなのかよくわからない、という人が結構いる。

いや、世の中はそのような人が大多数を占めると言っても過言ではない。

私が開催している「社外のサードプレイスでライフワークを探す勉強会」での話だ。

「さあ、自分がやってみたいことのロマンを語りましょう！」と言うと、参加者の約7割が「何をしたいのか、よくわかりません」「今、考え中です」「それを探すためにここに来ました」と言うのだ。

もちろん〝変わろう〟とする意志を持って、参加することは素晴らしいこと。

しかし、頭や心の中に、自分のやりたいことが何も浮かばないほど、他人任せ、会社任せの人生を送ってきた人が大勢いるのだ。

彼らは仕事やプライベートで、「やらなければならないこと」を優先するあまり、人生のほとんどの時間をそれらに費やしてきた。

だからこそ、「何をしたいかわからない」「夢もない」「自分が得意なこともわからない」という状態に陥ってしまったのだ。

しかし、当の本人は、自分の人生に心の奥で納得していないからこそ「社外のサードプレイスでライフワークを探す勉強会」にやってくる。

メンバーの中には、20代の人もいれば、実績のある経営者もいる。あるいは一部上場企業の管理職や役員クラスのエグゼクティブもいる。

そんな方々に私は、**「もっと自分の感情、感覚に素直になって365日のうち数日でもいいので、ロマンを描き、その感情に素直になって『正しい逃げ』をしてみてほしい」と勧めている。**

繰り返すが、今やっている仕事をすぐに辞めろ、と言っているのではない。

心の声に耳をすまし、「自分は何をしたいのか？」という問いかけへの答えを、旅先などで、具体的な言葉としてノートに書き込んでほしいのだ。

そして、もっと、もっと、自分のやりたいことを貪欲に探っていただきたい。

何をしたいかわからないまま努力をしても、ゴールが描きされていなければ、結実するわけがない。

自分の願望に気づくことなく、不完全燃焼のままで死んでゆくような人生を〝よし〟とするのか？

それがイヤなら「何をやりたいかわからない」で済まさずに「何をしたいのか？」を自分に1日1回問いかけよう。

通勤電車でもトイレの時間でもいい。

自由に心を解き放ち、あるがままに泳がせて言語化しノートに書くのである。

そうして、「やりたいこと」を自覚できないあなたの凝り固まった心を、少しずつ溶かしていってほしい。

努力の上手い人は、正しく逃げて「やりたいこと」と出合う 努力の下手な人は、「やるべきこと」で一生が終わる

うまくいっている人の
ビジネスモデルを真似する

私の周囲には4段階のドリーマーが存在する。

「金持ち独立ドリーマー」「食えている独立ドリーマー」「会社の給料をもらいながら夢も見るドリーマー」「食えてない独立ドリーマー」の4段階だ。


金持ち独立ドリーマー、食えている独立ドリーマー・ゾーンの人はみな、自分の好きなこと、得意なことで正しいビジネスモデルを構築し、市場ニーズを見据えながら商品やサービスを開発して成功をおさめてきた人たちだ。

では、このゾーンのような人になるにはどうしたらよいのか?

それは**「うまくいっている人のビジネスモデルを真似する」**――これが正しい努力である。

たとえば私の業界では、年に3~4冊本を出す著者はそれなりにいる。

そして、その人たちの多くは、一人5000円程度の参加費で読者を集めて講演会を開催している。

しかし、それでは大した収入にならない。よしんば出した本が売れたとしても一時的で、都内で子供２人を塾に通わせて私立高校を受験させることも、家を買うことも、車を持つことも、盆暮れに実家に帰省をすることもできない。

中の上のサラリーマンほどの収入を得るために「不安定」というリスクの中で生きなければいけない。

こういう著者は、必ず心が先にやられる。そして、いかに情熱があっても、だんだんと稼げなくなってゆく。

一方キャッシュフローが潤沢な著者は、フロントセミナーを一人３０００〜５０００円で販売し、その後に本気で学びたい人のための講座を20万〜50万円程度で用意する。そうすれば、40万円の講座を40人に売るだけで年間１６００万円になる。その上にじっくり本を書いて印税で１０００万円くらい稼げば年収は２６００万円になる。

こうしたセミナー形式は、受講者にとってもいいことずくめだ。

数ヶ月間自分を拘束して、しっかり勉強したほうが興味を持った分野のことを体系立ててきちんと学べる。

セミナーに1回参加したぐらいでは身につかないことがしっかり身につけられ、やがては自分が教えるほうの立場になれるかもしれない。
このように、提供側と購買側の満足度を上げる「仕組み」と「設定」がどの業界、分野にも存在する。

情熱を燃やすだけでなく、このように健全な仕組みを冷静に組み立てることが重要なのだ。あなたはどうだろうか？　まず、うまくいっている人や仕組みを参考にして、自分のビジネスが儲かるかどうか考えてみよう。

努力の上手い人は、成功しているビジネスモデルを真似する
努力の下手な人は、我流に心酔して疲弊する

定年までに起業しておくと、色気のある70代、80代を迎えられる

2025年には約700万人が認知症を発症するという予測を、厚生労働省が発表した。これは2012年の認知症高齢者の約1・5倍。65歳以上の5人に1人に該当する。定年退職後、何もすることがない人は、このようなリスクが襲いかかる可能性が出てくる。

もちろん再就職という方法もあるが、それまでに月に10万〜20万円くらいを楽しく稼げる「ライフワーク」を見つけ、小さく起業しておく。

そうすると、頭を使い続けるから認知症などにかかることもなく、毎日を楽しく、しかも稼ぎながら過ごすことができる。

これらはあきらかに **〝正しい努力〟と言える。**

また、定年までにライフワークをつくっておきたい理由はもう一つある。

以前、年金は60歳から支給されていた。しかし国の逼迫《ひっぱく》した財政状況などを理由に、段階的に65歳からに引き上げられている。もし60歳で定年退職をしたとしたら、5年間は自力で稼ぐ必要がある。それが今の日本の現状なのだ。

とはいっても、今の高齢者はとても元気だ。

たとえば70、80歳になっても肌艶がよく、撥剌《はつらつ》としていて頭の回転も速い。常に大好きな仕事で活躍し、お金を稼ぎながら、社会とかかわっているからだ。

彼らは鬱々とした40代サラリーマンよりも若々しく、健康な佇まいである。

彼らのように撥剌として、色気のある70代80代を迎えるために、今のうちから社外にエキサイティングなライフワークをつくっておきたい。

そして、リタイヤ後はスムーズにその仕事に移行できるようにしておくとよいのだ。

努力の上手い人は、〝兼サラ起業〟して楽しい老後を迎える
努力の下手な人は、〝会社人間〟のまま定年退職する

好きな仕事に「飽き」がきたら、少しわがままになってみる

好きで始めたこと、得意で始めたことであっても、時折「飽き」がくることがある。

そうすると、とたんに結果が出なくなり始める。

そんなときは、今やっていることをより好きになる**「努力方法バージョンアップの法則」**を使いたい。

コツは、**ほんの少しわがままになってみること。**

わがままに好きなことを思い浮かべて、目の前の仕事内容や仕事環境、仕事道具にくっつけてみる。

いわば食べ飽きたショートケーキに、大好きなイチゴとメロンをのっけるようなイメージだ。

たとえば美女がお好きなら、美女をスタッフに迎え入れる。あるいは、今のサービスを美女向けサービスに切り替えてみる、といった具合だ。

私の知人にも大の美女好きがいて、美女と仕事をするのが一番の〝やる気の特効薬〟であると語る人がいる。

そんな彼は、美女をスタッフに迎え、美女に囲まれて楽しそうに仕事をしている。しかも、数年前よりも潑剌としていて、見た目も大いに若返り、業績も右肩上がりでいいことずくめだ。


私の場合は、ちょっと変わっていて、本を書くことが楽しくなるように「立ち書き」をしている。

これによって肩と首がこらずに、快適に原稿を書き続けられる。

1本原稿を書いたら自社の建物の下にいき、ムエタイ用の太い縄跳びを跳んでいる。これだと運動不足解消にもなり、とにかくメリハリがついて1本1本楽しく書けるのだ。

さらには、音楽をかけ、時折好きな香りを嗅ぐといったことも心掛けている。

これらにより、私の執筆活動は途切れることなく毎日楽しく行われている。

また、以前恋愛本の読者向けに本を書いていたときは、５００人の大婚活パーティを実施した。

そのときはより楽しみながらこの仕事に向き合うために、雑誌2誌とコラボしながら集客し、芸能人や著名人のトークショーをメインに、東京ガールズコレクション並みの選曲でイマドキ感を演出した。

名前も単なる婚活パーティではなく、「LOHAS Communication Lounge」とした。ロハスを提唱する雑誌『ソトコト』と、雑誌『SPA!』との共同企画であったからだ。

このようにトレンド感と刺激を婚活パーティに組み込むことで、楽しく仕事に向き合えた。

さらに今は、「異性関係は間に合っています」「楽しい友人がいっぱいいます」という男女を東京の「芝浦アイランド」に集め、クルーザーが停泊する海辺のバーで毎週会合を開いている。

客層を自分好みに合わせると、自分のモチベーションも上がる。

このように仕事を楽しくアレンジすることで、より高い成果を、継続的に出し続けることができる。

みなさんも、もし今の仕事に「飽き」を感じたら、アレンジを加えることでぜひ努力方法のバージョンアップを図っていただきたい。

努力の上手い人は、努力の方法にアレンジを加える
努力の下手な人は、「飽き」で「努力」を放棄する

努力の達人は
〝大人の公私混同〟を楽しむ

最近、真っ暗な中で、大音響の音楽を聴きながらひたすらサンドバッグを叩く格闘技ジムができた。

これは、クラブ好きなスポーツマンにはたまらない組み合わせだ。

クラブでかかるような大音響の中、殴り、蹴り、戦闘的な欲求を満たし、ストレスを発散する——クラブ好きのジム運営者ならこの仕事のための努力が楽しくてしかたがないだろうし、クラブもスポーツも格闘技も大好きなお客からすれば、この場所が「たまらなくワクワクする場所」に違いない。

このように、**今の仕事と「自分の好きなもの」とを組み合わせて、新メニューをつくる、あるいは自分の本職を自分の好きな世界観でアレンジしてみる。**

しかも、**なるべくありえない組み合わせで、あったらいいなを強引にミックスしてみる。**

すると、それがとたんに「好きなこと」になるだけでなく、奇抜でスペシャルなコンテンツに生まれ変わる。話題性も生まれ、メディア招致にも役立ち、集客効果にもプラスになる。

私は10代の頃からイベントが大好きで、ディスコやクラブにＤＪを入れ、大音量の中、踊り狂うという青春時代を過ごした。

実は、読書や執筆よりもそっちのほうが「生粋」。本の執筆は、そういったイベントや交流会などを通して、知り合った人たちのユニークな人生体験談や恋愛エピソードを伝えるための手段にすぎなかった。

そんな中、今から約10年前、「もう原稿を書くのがイヤだ！」となったことがあった。そこで、読者を集めて、恋愛本の内容に沿ったラブソングを、ＤＪがお届けするという新趣向のパーティを開催してみた。

すると、それからというもの、本を書くことがとても楽しくなった。

書籍や各種連載で「文字」だけで向き合っていた読者たちと、実際に「会う」「話す」「酒を酌み交わす」「一緒に踊る」ことができたのだ。

イベントの中には、書籍のコンテンツをゲーム化したものを取り入れたりもした。これがすごく楽しかった。

あわせて取材も実施したことで〝From Real Field〟を意識しながら本が書けたし、そのことを書籍やウェブで紹介したことで、書き手としてのエッジがさらに強まったのだ。


おまけにニュース性も加わった。

恋愛エッセイストが主催するリアルイベントとして、多くのメディアが取材に訪れたのだ。

東京・赤坂のホテルで1ヶ月にわたって開催された「女性のための恋愛体質改善宿泊プランイベント」は、25ものメジャーなメディアが取材にきた。これも私が〝ちょっと自分本位に仕事を面白くする〟という努力の転換をしたからである。

あなたも考えてみてはどうか？

もしそれが会社内で稟議が通り実施できれば、社内で自分の好きな方向の努力ができることになり、御の字だ。

社内で難しければ、社外でやってしまえばいい。

将来のための、意義のある楽しい努力になること間違いなしだ。

ただし、会社の仕事を社外で少し手法を変えて、自分オリジナルでやってお金儲けをしてしまえば、それはルール違反。

バレたら会社によっては副業規定に反していると咎《とが》められ、下手したらクビだ。

しかし、それもやりようだ。

お金をもらわなければいい。

試しに無料で〝特別サービス〟として提供してみる。

その後は、そこで知り合ったユーザーに自分の会社のサービスを提供——会社によっては、これは褒められることもある。

私の場合は会社員時代、これをやって非常に怒られたのだが……。

努力の上手い人は、〝好き〟を仕事に活かす方法を考える
努力の下手な人は、仕事と〝好き〟を分けて考える

「死んでもやめられないこと」を1つつくると、「ムダな努力」はなくなる

不得意なこと、やりたくないことを徹底的に遠ざける。しかし、何もしないのでは人生は成り立たない。

無の境地になることに徹する修行僧であっても、「座禅」などの修行に没頭し、継続し、それを絶対「やめない」から悟りが開けるという快楽に出合うことができる。

絶対にやめないことを、1つつくろう。

気がついたら長時間ハマッてしまったこと、何ヶ月も何年も続いていること、仕事で疲れていてもついついやってしまうこと——それらに気づき、本格的にそれを心の中心に持ってくる。

そしてそれを「やめない」と決め、そのために生きてみる。

すると、それがあなたの心の軸になる。誇りになり、自己紹介の枕詞になり、新しい仲間を引き寄せるきっかけとなり、収入のきっかけになることもある。

そこに感動が加われば、それはもうあなたにとってSOUL WORK（魂の仕事）となる。しかし、時が経つと人は変わり始める。

絶対にやめたくない、やめないと決めたことでも「そろそろやめようか」という日がやってくる。ところが、あなたにとって本当に必要なものであれば、その対象は形を変えて再びやってくる。

しかし今は、まず**「ムダな努力」をやめることに注力してほしい。**

つまらない努力、ムダな努力をしているのはあなたに〝責任〟がある。不可抗力だとしても、他人からの指示を受け入れ、従っているのは〝あなた〟である。

私からみればおよそ8割の人は自ら「ムダな努力」を選んでやっている。

結局たくさんある選択肢の中から、あなた自身が「ムダな努力」をセレクトして、それを「やっている」にすぎない。

最後に努力の方向を変えて、人生が好転した勇気ある人々を各ジャンルごとに紹介しよう。

書道家、武田双雲さんは、もとはＮＴＴの営業マンだった。

テレビで活躍している芸人、サンドウィッチマンの伊達みきおさんは介護用品関連会社に５年間勤務していたし、クレイジーケンバンドの横山剣さんは陸送のドライバーから貿易検査官まで、職を転々とした過去がある。

アメリカのカリスマ主婦の代表であるマーサ・スチュワートは、もともと証券会社で働いていた。

大物実業家であり、アメリカのプロバスケットチーム「ダラス・マーベリックス」のオーナーでもあるマーク・キューバンは、バーテンダー、ＰＣソフトウェア会社で働いた経歴を持つ。

アメリカの投資銀行ゴールドマン・サックスの会長兼ＣＥＯのロイド・Ｃ・ブランクファインは金融業界出身ではなく弁護士であった。

こんなにも多くの成功者や著名人が「努力の対象」を変え、その後に「絶対やめない努力の場」と出合い、成功を得ている。

絶対にやめない努力の対象に出合うまでは、とにかくシフトし続けていい。

努力の方向・方法を変えてよいのである。

さあ、今日から始めよう。絶対に「やめない」ことを見つけよう。

光はあと少しで見える。あなたが正しい努力の対象にシフトをしたその瞬間から、ロケット・スタートで急成長する機会が訪れるはずだ。

大いなるシフトチェンジで意味のない努力を放棄し、大好きな世界で自分の人生を謳歌《おうか》しようではないか。

努力の上手い人は、「絶対やめないこと」を、心の中心に置く
努力の下手な人は、〝一生モノ〟がない

あとがき

「ムダな努力」の強烈な信奉者だった私が、なぜ〝ここまで〟変われたのか？

まずは、最後までお読みいただいたことに、心より感謝申し上げたい。

さて、著者である私自身、実にたくさんの「ムダな努力」を重ねてきた。そして、失敗も人より数多く経験してきた。

なぜ、そんなことになったのか？

それらはすべて、私の「習性」に起因している。

1つめは、私は、何事も好奇心旺盛で、やりたいことはすべてチャレンジせずにはいられないタイプだからだ。

たとえば、学生時代のアルバイトは40種類を経験した。サラリーマンになっても、会社外の時間を確保し、様々なことに挑戦した。

チャレンジしたものの中には、すぐに実績が出て楽しいと感じられるものがあったが、まったく成果の上がらないものもあった。

勉強、スポーツ、趣味、仕事……。

すべてのものに「カタツムリのように遅い歩み」のものと、「ロケットのように成長の早いもの」があった。

前者は死ぬほど退屈で、後者は寝食を忘れるほど楽しくて仕方なかった。

私の2つめの習性は「嫌いで、成果が出ないこと」でも〝これがいいのだ！〟と思ったら、ムダな努力を継続できることだった。

20代の頃に就職した会社は、ホントはもっと早々に見切りをつければよかった。

しかし、〝そこまで粘らなくても〟という粘り方をした。

つまり、ある意味「根性論」「努力継続論」の強烈な信奉者であり、「不得意で嫌いなこと」を〝何も考えず実らない方法〟で続けられる習性があったのだ。

好きで得意なものにはまれば、大きな成果を残す一方、「嫌いで成果の出ないこと」でも延々とやり続け、「工夫」「効率化」「リストラ」をせずにムダな努力を続けることができた。

しかし、30歳のときに転機が訪れた。

好きで得意な仕事をしている人たちが、「尋常ではなく輝いているリアル」を目の当たりにしてしまったのだ。

収入、物腰、自信、社会的影響力、異性からのモテ度、オーラ――どれをとっても〝私〟と〝彼ら〟にはとてつもない差があった。

私が「得意ではない仕事」に「イヤイヤ」取り組んでいる間に、彼らはぐんぐん成長していた。私が挑戦することよりも「失敗しないための仕事」をしているうちに、彼らはどんどん先に進んでしまっていたのだ。

そこで私は、「嫌いで不得意なことは仕事にしない！　遊びにもしない！」「嫌いで苦手な人間とは付き合わない！」と心に決め、それを具現化していった。

そう決めて以降、様々なビジネスがうまくいくようになった。

本は65冊出せたし、東京・目黒に自社ビルを建てることもできた。

何より、私自身、やることなすことすべてがうまくいっているように感じていた。

しかし、ここに大きな落とし穴があった。

「好きなことしかしない」

この習性が、「好きだが得意でないものに手を出す」「市場性のないもの、収益性のないビジネスをやってしまう」「効率化を考えない」「散漫になる」などの弱みに変わっていったのだ。

これは、**〝好きなことしかしない人〟が陥りがちな、典型的な失敗例である。**

楽しいけれど金銭的には報われない――そんな努力を続けたのである。

もちろん遊びならいい。しかし遊びと仕事の境界線をつくらない私は、「あれ？なんかおかしいぞ？」と思いながらも続けていた。

また、当時の私は、印税収入や出版周辺ビジネス、イベント・広告関連ビジネスなどで十分稼げていた。

しかし、イベントや交流会を通じて知り合った業界の成功者たちは、私の何倍も効率よく稼いでいた。

そこであるとき、

「もっと効率よく稼がないと……」

と思い直した私は、成功していたビジネスモデルをあらゆる角度から調査、研究、取材していった。

そして、**「好きなことをする」だけでなく、「収益性のよいビジネスモデルで勝負する大切さ」を学んだ。**

さらに、自分の商品やサービスを、市場性、社会的ニーズがあるところに集中投下したのである。

その結果、「楽しみながら成果の出る仕組み」が出来上がり、今でも成長を続けることができている。

最後の最後でビジネス論になってしまったが、これは「好きなことをして生きたい」という人が肝に銘じておかなければならない現実である。

「効率的に利益を上げる」――これなしには「楽しい仕事」も「楽しくなくなる」のだ。

働き方改革が叫ばれる現代において、あなたは、社内だろうが、社外だろうが、自分に合った努力を選ぶ必要性に迫られている。

まもなく、努力の場所が限定的な〝旧時代〟は終わりを告げるのだ。

良好な人間関係を保ちつつ、好きで得意なことを市場性のあるビジネスモデルの中で展開する――。

あなたも、ぜひ、これを意識して取り組んでいただければ幸いである。

そのためにはまず、**自分の心に正直になることだ。**

自分は何が好きで、何が得意なのか？

「好き」に蓋をせず、だれに遠慮することもなく、子供時代の夏休みの宝探しのような気持ちで探してみよう。

時には、迷って、悩んで、焦って、とまどうこともあるだろう。あるときは、興奮で眠れない日もあるだろう。それも全部、あなたが正しい努力へ向かうためのひとつの通過点である。

もっと深く学びたい人は、毎月数回開催の、私が主催する勉強会にぜひ参加してもらいたい。そして、あなたの疑問点、希望、志を私にぶつけていただきたい。

「あれをやっておけばよかった……」

たった一度の人生が、そんなふうに後悔で幕を閉じることがないよう、しっかり夢を見て、努力の方法を選んでほしい。

そしてみなさんと、いつかどこかで直接お目にかかれれば幸いである。

あなたの努力と未来に幸あらんことを――。

2018年7月

潮凪洋介

著者略歴

潮凪洋介（しおなぎ・ようすけ）

ライフワーク・クリエイト協会理事長。著書66冊・累計165万部。「国民1人に1つの“社外ライフワーク（パラレルワーク）”を」をテーマに「誰もが社外でもう一つの“好きで得意な仕事・活動”を楽しむ世の中づくり」を目指し活動。約200種類の社外のライフワーク（パラレルワーク）メニューカードから「好みのワーク」を選んで組み合わせ、その人に合った「オリジナルな仕事（活動）」を診断・創造するライフワーク（パラレルワーク）オリジナル教育システム（LD法）を開発・提供。パラレルワークが可能な企業への転職サポートなども展開する。

シリーズ累計20万部突破のベストセラー『もう「いい人」になるのはやめなさい！』（KADOKAWA／中経出版）、『「バカになれる男」の魅力』（三笠書房）、『仕事に殺されないアナザーパラダイスの見つけ方』（フォレスト出版）他、「自由人生の実現」「恋愛文化の発展」をテーマとした著書を執筆。エッセイスト・著者・作家業、クリエイターのプロダクション運営、著者・エッセイスト養成・出版プロデュース学校「SHIONAGI DOUJO」を運営。5500回の指導を実施。芸能人などを含む多くの新人著者・文化人を輩出。会社員のまま著者デビューもするパラレル作家も多くいる。

2015年クリエイターの情報発信基地として「目黒クリエイターズハウス」を東急目黒線洗足駅徒歩4分に自社ビルとして建設、ライフワーク・クリエイト協会の本部・SHIONAGI DOUJOの自社施設などイベント会場・講習会場として運営。大人の海辺の社交場「芝浦ハーバーラウンジ」を創立、毎週木曜日にテーマを変えて地上×クルージングイベントを開催し、2018年6月現在で開催回数は180回、参加者6200人を突破し、多くの個性的・魅力的人材との出会いの「サードプレイス」としてにぎわっている。

◆メールマガジン　http://www.freedom-college.com/mailmagazine
◆ライフワーク・クリエイト協会　http://www.freedom-college.com/

あなたの努力が報われない本当の理由
大好きなことだけして生きていく35の習慣

2018年7月24日　第1刷発行

著　者　潮凪洋介

発行者　長坂嘉昭
発行所　株式会社プレジデント社
〒102-8641　東京都千代田区平河町2-16-1
https://www.president.co.jp/
電話：編集（03）3237-3732
販売（03）3237-3731

ブックデザイン　井上新八
本文デザイン　原田光丞
編集協力　越智秀樹（OCHI企画）
編集　岡本秀一
制作　関 結香
販売　桂木栄一、高橋 徹、川井田美景、森田 巌、遠藤真知子、末吉秀樹
印刷・製本　凸版印刷株式会社

ISBN 978-4-8334-2287-1

Printed in Japan